# 等話《とうわ》

平等な会話が、
あなたの人生と
社会を変える

松田道雄

新評論

幸せを生み出す会話を教えてくれた
二人のＭＭに心から感謝を込めて！

# はじめに――会話をふり返ろう！

あなたが日頃している、人との会話をふり返ってみよう。
なぜなら、会話は人と関わる玄関口だから。

もし、あなたが、
「自分は話してばかりいたな」とふり返るなら、
より誠実に人の話に耳を傾けることを心がけよう！
もし、あなたが、
「自分は聞いてばかりいたな」とふり返るなら、
より快活に人に話しかけることを心がけよう！
そして、お互いに、
短く話して、問いかけて、
話のボールを相手に投げることを心がけよう！

そうして、
目の前の人との会話のキャッチボールを心から楽しもう！
そうすれば、どんなにか、
あなたの人生は、より豊かに感じられ、
あなたの人生の中に、より思いやりが育まれ、
あなたの人生から、より多彩な活動が生まれ、
あなた自身の人生への願いと同じように、
この社会も、より豊かに感じられ、
この社会の中にも、より思いやりが育まれ、
この社会からも、より多彩な活動が生まれることだろう。

平等な会話、
略して、**等話**《とうわ》。
等話があなたの人生と私たちの社会を変える！
等話革命。

# 等話◉目次

凡例：引用文中の太字および小さな［　］は引用者＝筆者のもの。

# 等話《とうわ》

平等な会話が、あなたの人生と社会を変える

## 等話《とうわ》の心がけ　五か条

等話とは、平等な会話（イコール・カンバセーション）。

心がけ1　今、目の前の人との出会いに感謝する。

心がけ2　お互いの話す時間が平等になるよう、心がける。

心がけ3　自己完結せず、短く話して、問いかける。

心がけ4　相手の話に耳を傾け、返答し、短く話して、また問いかける。

心がけ5　この場で生まれる話を、ともに作ろうと心がける。

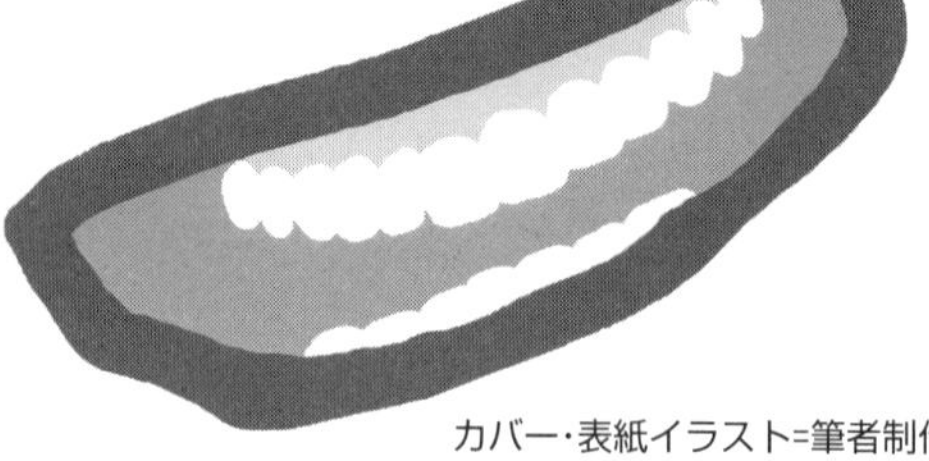

カバー・表紙イラスト=筆者制作

# 1 誰に問いかけるのか?

この小本は、問いかける本です。

私が一人で何かを論じる本ではありません。「問いかけ合う会話の意義」について問いかける本です。

はじめに、誰に問いかけたくて私はこの本を書いたのか、それを記します。

「問いかけ合う会話」は、人間の生き方、つまり、「私」自身の生き方、他者の生き方そのものにつながることを、本書は提起します。それゆえ、「私はどう生きたらいいのか」を考えたい人に、本書は問いかけます。

人は、たった一人で生きているのではなく、たくさんの人や、人以外のすべての存在との関わりの中で生きています。ですから、「私」の生き方を考えることは、他者の生き方や、「私」を取り巻く社会（世界）のあり方を考えることにもなります。それゆえ、社会（世界）のあり方を考えたい人に、本書は問いかけます。

「私」の生き方、社会（世界）のあり方を考えたい。そうした欲望は同時に、特にこれから社会人になろうとする高校生や大学生などの若者には、将来への期待（不安もありながら）につながるものになるでしょう。それゆえ、その若者たちに、本書は問いかけます。

今ここで、私は「社会人」と書きましたが、そもそも、社会人とはどのような人なのでしょう？　一般には、実社会で働き自分で収入を得て、社会の一員として「自立して暮らすことのできる個人」を指すと思われています。しかし、「私は、働いて、収入を得て、暮らすことだけで精一杯。とても自分の生き方、社会のあり方など考える余裕なんてない」という社会人が少なからずいるとすれば、そういう社会人を生み出す社会とはどのような社会なのでしょうか。「社会人」を考えることは、社会のあり方そのものを見つめ直すことにもなるのでしょう。

さらに私は、今、「自立して暮らすことのできる個人」と書きましたが、人は本当に誰にも頼らず、自分一人で生きていくことができるのでしょうか？　赤ちゃんが自分一人で立つことができないように、私たちも、たくさんの誰かに、そしてたくさんの何かに支えられながら生きていますし、これからもそうなのではないでしょうか。「〜によって支えられ、励まされたおかげで私は立つことできている」という感覚こそが、私たちを支える本当の「自立」の感覚ではないでしょうか。そうした感覚が、他者への感謝の気持ちや、誰かの自立を支える気持ちを育んでくれるのだと思います。

それゆえ、社会人とはどのような人だったらいいのか、また自立とはどのようなものであったらいいのか、そしてそれを支えるための社会はどのような姿・形になればいいのか、若者たちに「一緒に考えませんか？」と、本書は問いかけます。

社会人とはどのような人だったらいいのか、私たちが生きる社会とはどのような社会であったらいいのか、そのことを日々の仕事を通して最も考え悩んでいるのは、人生時間の真ん中を生き（実際の自分の人生の長さは誰にもわかりませんが）、若い世代を部下に持ち、現在の社会を中核として担っている「働き盛り」の人たちでしょう（無我夢中で働き詰めの方もいらっしゃるでしょうが）。その人たちに、本書はあらためて問いかけます。

「社会の中で生きる」とは、社会人として仕事をすることだけではもちろんありません。仲間や友達と語り合うこと、新たな家庭を築くこと、生きがいや趣味を見つけること…、仕事以外にもたくさんのことがあります。しかし、ともすると、大人は若者に、「立派な社会人」として就職し、「経済的に自立できること」だけを求めようとします。ですから、そういう大人たちに、本当にそれだけでよいのでしょうかと、本書は問いかけます。

生きる人生時間が長くなった今、仕事を勤め上げ、定年となり（定年年齢も延長されていますが）、これから第二・第三の人生を考えたいと思っているシニア（年配者・年長者）世代の方々にも、本書は問いかけます。

人は一生涯学び続けることができる生きものです。今日では、生涯学習と言って、わが国でもこれを保障する法律（社会教育法など）が確立されています。各自治体には「市民誰もが学べる場」（公民館など）が用意され、そこには専門職（社会教育主事や、新たにできる社会教育士など）をはじめとする職員さんたちがいて、地元のシニアの方々はじめ多くの市民がさまざまな学習講座に参加しています。それらを企画・運営する職員さんたちや、それらに参加している学習者すべての方々にも、本書は問いかけます。「人として本当に学ぶべきこととは何でしょうか？」と。


人は、人とともに生きています。この当たり前に思えることをもう少し深く考えてみると、人の生き方とは、「人とともに生きる生き方」であり、社会のあり方とは、「誰もがそうした生き方を互いに喜び分かち合えるあり方」であることにあらためて気づかされます。

では、そうした生き方やあり方を創り出す原動力とは何でしょうか？

私は、それは「会話」ではないかと考えました。ここで言う「会話」とは、対面でのおしゃべりだけでなく、筆談であれ、オンライン上での会話であれ、広い意味でのことばのやりとりを指します。

人は、会話を通じて人と活動し、暮らし、生きています。会話によって、私たちは勇気づけたり勇気づけられたり、励ましたり励まされたり、ときには不快な思いをさせたりさせられたりします。会話こそが、人と関わるあらゆる玄関口になっています。

では、「お互いにともに喜び分かち合える会話」とは、どのような会話なのでしょうか？　また、どのような会話をすれば、お互いに喜び分かち合えるのでしょうか？　会話に悩んでいる人、会話が苦手な人、会議の会話（話し合い、議論）に満足していない人、会話のあり方を特に意識してこなかった人、そういう人にも、本書は問いかけます。

私は今、「会話こそが、人と関わるあらゆる玄関口」と書きましたが、その点では、人と協力し合って何らかの活動を起こしていく際にも、会話は不可欠です。「創造的な活動を生み出し合っていく会話」とは、どのような会話なのでしょうか？　どのような会話をすれば、「創造的な活動」を互いに生み出し合っていけるのでしょうか？　そのことを考えたい人にも、本書は問いかけます。

本書がこれから提起する「会話」についての問いかけは、大学の一教員としての私が、すでに授業や各地の研修会などを通じて行ってきた試みです。問いかけられた人たちは皆、「このような『会話の学び』は、これまで学校でも大学でも職場でも経験したことがない」と言います。私たちがいつも当たり前に行っている会話を、「人とさらによりよく生きる」という目的のために、あらためて見つめ直してみる——これは「灯台もと暗し」だったのかもしれません。

会話は、誰もが普通に何気なく行っている行為です。ですから、本書が問いかける相手は、若者から現役・シニア世代を通したあらゆる世代とともに、あらゆる立場・職業の方々ということになります。

子育て中のお父さん、お母さんに、そして、子どもを預かり育てている方々に。（「子どもは問いかけられて育つ」、ということを伝えつつ。）

児童・生徒を教える学校教師の方々に。（豊かな学びのあり方をともに探していくために。そして、地域と学校が協力し合って行う活動［地域学校協働活動］を、より広げていくために。）

グループ・組織・集団の中で、個々の個性や能力をよりよく伸ばし合えるような人間関係づくりを模索している方々に。

世の中をよりよくしようと、日夜人々のために働き、さまざまな問題を解決するために尽力している政治家、公務員、研究者、知識人、メディア関係者、そしてボランティア、社会起業家、非営利組織（NPO）・非政府組織（NGO）などに携わる方々に。

悩みを抱える人たちの相談に乗っている方々に、そして、悩みを抱えているその方に。

病気の治療にあたっている医療従事者の方々に、そして、助けてもらっているその方に。

介護の現場で働いている方々に、そして、いつかそのお世話になるであろうすべての方々に。

人と協力してさまざまな活動を行っているすべての方々に。そして、人と接するさまざまな仕事に従事しているすべての方々に。

さらには、コロナ禍によって目の前の人との会話がめっきり減り、孤独を感じている人に。そして、オンライン会話に切り替えている多くの方々に。

本書では難しい議論をするつもりはありません（そもそも難しいことは書けませんので）。会話の延長上のことばで、一呼吸置いて考えてみたことを、私はあなたに問いかけます。

本書は、このコロナ禍で在宅生活（ステイホーム）を余儀なくされた期間にまとめました（本書の内容自体は、以前から具体的に試みてきたものですが）。私は大学の教員ですので、この間、大学の授業は研究室や自宅のパソコンを通じたオンライン授業がほとんどとなりました（今もそれは続いています）。行動が制約され、一人でいる時間が多くなり、そうした中で、ふと、物事をじっくり深く見つめる時間の大切さというものを考えることにもなりました。

学生たちも、突然の在宅学習に不安感を抱いていました。そこで、オンライン授業の始めに私はこう言いました。「いつもと違う一人の時間。それゆえ、じっくりと考えを深めてみよう」と。

あとでまた触れますが、ともすると現代人は、少しの時間があると、次々と表れては消えていくスマートフォン（以下、スマホ）の画面についつい釘づけになりがちです。仕事がパソコン中心になれば、つねに、相手から送られてくるメールにも一つひとつ目を通さなければなりません。さらに、この一年を見ると、今日の感染者は何人なのか、どこでクラスター（感染者集団）が発生したのか、といったコロナ禍関連情報も、パソコンやスマホ頼りになっています。これでは、一人でいる時間があっても、じっくり深く考えるのとは程遠い時間の使い方になってしまいます。

今から約三五〇年前（一六六五年）のペスト大流行の時代、アイザック・ニュートンは、大学（イギリスのケンブリッジ大学）が休校になった折りに故郷に戻り、そこで、万有引力の法則、微積分法、光の分析といった「ニュートンの三大業績」を研究したと言われます。「ニュートンの創造的休暇」と呼ばれる彼の時間の使い方には遠く及ばないにしても、あの時代に匹敵するこのコロナ禍で、私たちにも少しはやれることがあるのではないか――そう考え、私は学生たちに、日頃の自分の生活や自分の生き方、社会（世界）のあり方についてあらためてじっくり考え、学びを深め合おうと呼びかけ、私自身も、それを心がけました。

こうして成ったのが本書です。本書を読んでくださるあなたとも、考えを深め合う創造的な一時《ひととき》を共有できれば幸いです。

## 2 「だがしや楽校《がっこう》」——両生類的思考が「等話」を生んだ

本書は、「問いかけ合う会話」すなわち「平等な会話」について提起するものです。私はこの「平等な会話」を、略して「等話」と名づけました。

まず、私がこれを考えつくに至るまでの経緯を述べます。

多かれ少なかれ誰もがそうかもしれませんが、私が物事を考える際に心がけているのはバランス（均衡）です。バランスを取るということは、物事を一点からだけではなく、より広い視野から多面的にとらえるということです。

私がそのように思うのは、私自身が、とかく目先のことにとらわれがちで、考えが偏りがちだと思っているからです。アンバランスであることに気づいた人はバランスを取ろうとします。私もそうでした。

とかく私は、相手がどう思っているのかを考えようともせず、「私は〜」「私は〜」と自分中心に物事を考えがちな人間です。しかし、そのような自分に気づいた時は、できるだけ相手のことを気にかけ、相手の立場になって考えるよう、心がけています。

とかく私は、自分のためになることを先に考えがちな人間です。しかし、そのような自分に気づいた時は、できるだけそれを相手と分かち合うよう、心がけています。

とかく私は、世の中の不平等について気づかないでいることが多い人間です。しかし、そのような自分に気づいた時は、皆が平等になるにはどうしたらいいかと考えるよう、心がけています。いずれも、まだまだ足りませんが。

四〇年前、私は大学生の時に哲学を専攻し（空想ばかりしていました）、卒業後、中学校の教師になりました。二〇年間勤めて、その後、大学の教員になって今に至っています。その間、教育についても、そのようなバランス思考で、学校教育だけでは足りないのではないかと思った学び方を、学校外の場（地域社会）に広げて試みてきました。その学び方とは次のようなものです。

専門職としての学校教師が一方通行で教えるのではなく、教師も子どもたちも地域の人たちもお互いに教え合い、学び合う。

決められたプログラムに即して学ぶのではなく、その場の状況に応じて自分たちで主体的にプログラムを組みながら学ぶ。

椅子や机が固定された場所で指示通りに学ぶのではなく、自分の足で関心のある人に会いに行き、話しかけて学ぶ。

文字を通じて学ぶだけでなく、さまざまな体験も含めて会話をしながら学ぶ。…

私は、学校教育の特徴と反対のそうした学びの実験を、学校教育とのバランス活動として「**だがしや楽校**《がっこう》」と名づけ、学校週休日の土曜日に、教師としてではなく、一人の地域社会人、一人の保護者として始めてみました。約二〇年前のことです。駄菓子屋の前の公園などで（駄菓子屋がなくてもいいですし、公園でなくてもいいのですが）、地域の人々やお年寄り、学校教師、小学生から大学生までが、ちょうど縁日やお祭りふうに手軽に「遊びと学びの屋台」を開き、それぞれが関心のある出し物を見せ合い体験し合いながら、会話を楽しむ場を創り出すという試みです。

「だがしや楽校」の着想の素は、その名の通り、駄菓子屋の店主のおばあちゃんと、その店に集う子どもたちとの相互交流を研究していた時に考えついたものです。私は当時、現職社会人大学院生としてこの研究に取り組んでいました。そして、その過程で、駄菓子屋に学校教育とは正反対の場としての教育的価値を再発見し、修士論文「駄菓子屋の教育的意義」にまとめました。またそれをベースに、小著『**駄菓子屋楽校**《だがしやがっこう》』（新評論、二〇〇二年、輪読会版二〇〇八年）を上梓し、世に問いました。

駄菓子屋の研究と「だがしや楽校」の実践は、中学教師の私にとって、学校教育とのバランスを取る「**両生類的**」な活動として試みたものです。同時に、一人の人間として、思考することと活動することのバランスを取る「両生類的」な生き方をしたいと願って試みたものです。考えてばかりいて何も行動しない、あるいは、考えもなしに軽々しく動いてばかりいる、そういう人間にはなりたくないと、若い時分に思ったものです。つまり、『駄菓子屋楽校』は思考する世界、「だがしや楽校」は活動する世界、両者のバランスを大事にするという生き方の模索です。

「両生類的」とここに書きましたが、これは『駄菓子屋楽校』の中で「**両生人間**」という語で示したことばです（同書、二〇〇二年版、五四八頁）。カエルなどの両生類は、水と陸のどちらか一方ではなく、どちらも必要です。私たちには、そのような一長一短を補い合う複数の世界を行き来し、生きる上ではどちらの恩恵にも預っているという謙虚な気づきが求められているのではないか。その意味で、おばあちゃんが子ども相手に商う小さな店、駄菓子屋をふり返る教育的意義は、学校教育とのバランスのみならず、コンビニや大型スーパーなど大企業の店とのバランス、電子ゲームやインターネット空間とのバランス、幼稚園・保育園や介護施設とのバランスなど、現代社会を形づくるさまざまな空間・要素とのバランスの中で、その価値を再評価することにあるのではないかと考えたのです。

コンビニや幼稚園・保育園や介護施設にはない、駄菓子屋で見つけた価値を一つ挙げれば、次のような店主と子どもとの交流があります（これは、その店の店主であるおばあちゃんから聞いた話です）。

その店は、大人世界の小売業界区分からすると八百屋です。店の看板にも「〇〇八百屋」とあります。高齢のおばあちゃんが一人で営んでいます。店の中のレジの前に駄菓子があり、椅子が置かれています。野菜を買いにではなく、「駄菓子」と「おばあちゃんとの会話」を目的に子どもたちもやって来ます。その子どもたちがこの店を「駄菓子屋」と呼んでいたのです。

おばあちゃんは、店は朝七時三〇分に開けます。店の前を通って登校する小学生たちとあいさつをするためだそうです。「おばあちゃん、おはよう！」「おはようね！」、「いってきまーす！」「いってらっしゃい！」という子どもたちとの朝のあいさつが、おばあちゃんにとって一日の元気の源だということです。

午後三時くらいになると、常連の女の子が、店の戸を開けて、「おばあちゃん、ただいまあっ！」と声をかけてくれます。それに対し、「おかえり！　お疲れ様ね」（または、「今日は早かったね」など）と言うのが日課なのだそうです。おばあちゃんが家の奥にいて見当たらないと、その女の子はおばあちゃんが顔を出して返事をしてくれるまで何度も「ただいまあっ！」「ただいまあっ！」と、呼んでくれるのだそうです。

女の子はおばあちゃんの顔を見て、あいさつができると、安心して家に帰り、ランドセルを置いて再び店に来て、椅子に座って買った駄菓子を食べながら、今日学校であったことをいろいろ話してくれると言います。例えば、このような会話です。

女の子「今日、さんすうのテストあって、ほら、満点だったよ！」

おばあちゃん「よかったねえ、おばあちゃんに見せてけろ、こんなむずかしいこと勉強してるのか、
　満点取れるなんてたいしたものだねえ。」

この女の子にとって、店のおばあちゃんは、きっと親とはまた別の、自分の学校生活を支えてくれている存在なのではないか、また、おばあちゃんにとっても、その女の子は、自分の一日の生活を見守り、支えてくれている存在なのではないか、そう感じました。

二人は何気ない会話によって、お互いに生きる安心感や元気を与え合う「平等な関係性」を育み、それを心の拠所《よりどころ》にしていたのです。それは、中学教師として教壇の上から生徒を見下ろし、教えていた経験からだけでは気づけなかった発見ですし、コンビニや大型スーパーで買い物をしていただけでは、また、スマホでSNS（ソーシャル・ネットワーキング・サービス）を見ていただけでは気づけなかった発見です。

上菓子・駄菓子というように、私たちの社会は知らず知らずに物事を上下で測るめがねを通して見て、格上に見える物事ばかりに価値を置き、格下に見える物事は「駄」「雑」「弱」として顧みることをしてこなかったのではなかったか。私は、駄菓子屋研究を通じて、店のおばあちゃんと子どもとの交流に見られるそうした人と人との「平等な関係」を知ることで、「人と人は、社会の中で、上下の枠を超え、お互いを思いやる**平等な会話**に支えられながら生きているのだなぁ」と気づかされたので

す。

本書のテーマ「平等な会話」、略して「等話」をめぐる問いかけは、ここから生まれました。おばあちゃんと女の子の「等話」のような、「人との平等なつながりづくり」を味わってみたいという思いは、きっと多くの人々の心の中にもあるように感じています。

「だがしや楽校」の集いは、現在も全国各地のどこかで行われています。それが求められる理由は、まさにそうした「人との平等なつながりづくり」が現代の地域社会では難しくなっているからなのかもしれません。

ありがたいことに、自治体、教育関係者、社会福祉関係者、商工関係者、市民活動者など実にさまざまな分野の方々が、「だがしや楽校」の取り組みや考え方に関心を持たれ、交流の輪を広げてくれています。「健康長寿社会」「人生一〇〇年時代」と言われるようになり、元気なアクティブシニア（元気で活動的なシニア世代）の方々を対象にした学習講座も各自治体で盛んに行われていますが、その学習プログラムの中にも「だがしや楽校」の活動や考え方が取り入れられるようになっています。私自身も講師役として参加することがあります。私が参加する講座では、シニア（年配者・年長者）の方々に、「どちらがあなたにとって豊かな学びにつながりますか？」と問いかけて、学校教育のような一方通行型の学習ではなく、平等なおしゃべり（「等話」）による「**相互通行型**」の**学び方**を提案しています。後段で紹介する長野県シニア大学（長野県長寿社会開発センターが主催するシニアが学ぶ講座）でも同様の生涯学習支援を行っています（本書5章）。

さらに、「だがしや楽校」から着想を得た「等話」の考え方と実践は、大学の生涯学習論の授業にも取り入れています。実際に「等話」を体験した学生たちが、それによって自身の考え方や日常活動にどのような変化を感じているのか、本書では学生たちの自己省察の作文もところどころで紹介しながら「等話」の意義を深めていきます。

今年度（二〇二〇年度）は、新型コロナウイルスの感染拡大により、全国各地の生涯学習講座も相次いで中止されました（今も、です）。そこで私の授業では、前期に三年のゼミ生三人が、長野県シニア大学（専門コース）のシニア受講生やスタッフの方々とオンラインによる「会話実験」、メールによる「作文交流」を試みました。その試みについても後段で紹介します（本書16－18章）。

# 3 国は会話を教えられるか？

本書は、会話をテーマにしますが、そもそも、「会話」という日本語はいつ頃から使われ始めたのでしょうか？「会話」と聞いて浮かんでくる像は、人と人が語り合い、おしゃべりしている、ごくありふれた日常の姿でしょう。ですから会話という行為自体は、会話ということばが生まれるはるか以前から、おそらくは人類が人類になった時からなされていたはずです。まずはじめに、会話という日本語について調べてみました。

山形県鶴岡市にある山王《さんのう》商店街では、毎年五月から一〇月の間、毎月一回、夜の縁日「山王ナイトバザール」が行われて賑わっています。今年度（二〇二〇年度）は、新型コロナウイルス感染拡大予防のため中止になりましたが、そのナイトバザールで「**だがしや楽校**」を開いている鶴岡山王商店街振興組合理事長・阿部等さんに、「会話ということばは、いつ頃から日本語として使われ始めたのでしょうか」と尋ねてみました。阿部さんは、その商店街で古書店（阿部久書店）を営んでいます。鶴岡市は、江戸時代を通して酒井藩の城下町で、阿部さんのところにはその時代の寺子屋の往来物（教科書）をはじめ、たくさんの古書があります。阿部さんの返答は、「江戸時代のことばはそれぞれの土地の方言が主流で、また、侍、町民、農民でことば遣いも違っていました。だいだい今のことばは西洋由来の言葉の概念を翻訳したものが多く、『会話』ということばもそれに当たり、明治期からだと思いますよ」ということでした。

『日本国語大辞典　第二版』（小学館、二〇〇一年）で、会話の項を引いてみました。「①二人以上の人が集まって互いに話をかわすこと。また、その話の内容。②外国語で話し合うこと。特に、外国語学習で、文法、作文などに対していう」とあります。この項の①の用例を見ると、中国唐の時代の詩人・孟郊（七五一－八一四年）の詩に「会」と「話」の二文字が載っていることに気づきます。また、日本で古いのは明治一一（一八七七）年と明治一九（一八八六）年のもので、次が挙げられています。

『米欧回覧実記』（一八七七年）久米邦武編修　一・三「此にて酒果を供し、**会話**すること数刻の後に、武庫を回覧す」

『改正増補和英語林集成』（一八八六年）「Kwaiwa　クヮイワ　**会話**」

図1　明治時代前後の辞書にある「会話」

| 辞書名 | 年号 | 意味 |
|---|---|---|
| 英和対訳袖珍辞書 | 文久2年 | Collocution（collocutor＝会話の相手、対話の相手、対談者）、Dialogue（対話）、Interlocution（対話、会談） |
| 布告律令字引 | 明治9年 | 人々アツマリハナス |
| 普通漢語字類大全 | 明治16年 | アツテハナス |
| 漢英対照いろは辞典 | 明治21年 | あひむかひばなし、A conversation |
| 日本大辞林 | 明治27年 | さしむかひてするはなし |
| 英和大辞典 | 明治29年 | Conversation、Dialogue（対話）、Conference（会議、会談、相談） |
| ことばの泉 | 明治31年 | 相対して談話すること |
| 日本類語大辞典 | 明治42年 | 外国語にてのはなし（下線は出所による） |
| 模範英和辞典 | 明治44年 | Colloquy（会談、対談）、Conversation |
| 辞林 | 明治44年 | ①相会して話すこと、②外国語にてする談話 |
| 文学新語小辞典 | 大正2年 | 談話を交わす事。対話より意味が広い。朝夕の一寸した挨拶など、対話とは云へぬものをも含んでゐる。 |

注：（　）は引用者＝筆者のもの。
出所：惣郷正明・飛田良文編『明治のことば辞典』（東京堂出版、1986年）をもとに筆者作成。

惣郷正明・飛田良文編『明治のことば辞典』（東京堂出版、一九八六年）には、「会話」ということばの意味が、明治期に入る前後の時代の辞書にどのように記されていたかが載っています。図1にいくつか挙げてみます（「会話」は英語ではconversationですが、図にあるそれ以外の英語には、現在の一般的な日本語の意味を、私のほうで括弧で補記しました）。

図1にある『英和対訳袖珍《しゅうちん》辞書』がまとめられた文久二（一八六二）年は、明治維新前夜の幕末の時期です。攘《じょう》夷《い》運動が盛んな時代、薩摩藩の武士がイギリス人を切った生麦《なまむぎ》事件のあった年で、翌年には薩英戦争が起こっています。この点から見ると、幕末から明治期の「会話」ということばには、先に引いた『日本国語大辞典』の②に挙げられた「外国語で話し合う

こと」の意、つまり、お互いにことばが通じない相手（外国人）との意思疎通、という意味合いが強く含まれていたことが伺われます。現代の私たちは、ごく自然に「英会話本」という言い方をしていますが、当時の『英米対話』『英蘭会話』『仏和独三国会話』といった書物の表題に使われている「対話」や「会話」という語には、そうした特定の意味があったのでしょう。

一方、明治政府は小学校の子どもたちを対象に、「会話《コトバヅカヒ》」科という科目を設けていました（私はこの事実をネットの検索から発見しました！）。文化庁ホームページの「国語施策・日本語教育」→「国語施策情報」→「国語シリーズ」を検索し、その中に収録された文部省『国語シリーズNO.36教科書から見た明治初期の言語・文字の教育』（光風出版株式会社、昭和三二［一九五七］年）という本の「会話」に関わる記述を読むと、次のようなことがわかります。

まず、江戸時代の寺子屋での教育で、「ことば」について最も関連の深い学びは「手習《てならい》」でした。手習とは「文字を書く練習」のことです。つまり、明治以前、「ことば」について学ぶとは「文字」を書いて読むことだったのです。

維新後、明治政府は明治四（一八七一）年の廃藩置県を経て文部省を設置しました。これにより、それまで各藩独自に行っていた教育を全国規模で統一し、翌年の学制公布に伴い、小学校の教科書・教授法・週の配当時間などを示す「小学教則」を発布しました。西洋の国力に近づくためには、西洋に倣った教育を行うことが必須の政策とされたのです。この時、現在の国語科にあたる科目として、一年生には「綴字《カナヅカヒ》」（仮名の単語の綴り）科が、二年生には「単語《コトバ》」（漢字の単語）科および「会話《コトバヅカヒ》」科が、三年生には「読本《トクホン》」科がそれぞれ設けられました。「コトバヅカヒ」（ことば遣い）と読む「会話」という科目が、なんと明治の初期には存在していたのです！

もっとも、二年生の「単語《コトバ》」科と「会話《コトバヅカヒ》」科の学習は、「読方《ヨミカタ》、暗誦《ソラヨミ》、書取《カキトリ》」を中心に行われたということですから、その学習は文字を前提としていたことになります。とすると、「会話《コトバヅカヒ》」科の学習方法は、文字を声に出して読むことだったのでしょうか？

明治政府が「会話《コトバヅカヒ》」科を設けた理由は、「奥羽ノ民」（東北地方の人々）と「上国ノ人」（東京の人）がまったく「談話」（＝会話）が通じなかったためだそうです。地方の「民」に、「会話ノ学」を学ばせる必要があったのです。先の文部省『国語シリーズ』では、当時の文部省の役人が、ある雑誌の中で次のように語っていたことを紹介しています。

> 奥羽ノ民其《その》音韻正シカラズシテ、上国ノ人ト**談話**スルニ言語通ゼザルモノ甚《はなはだ》多シ。夫《それ》我日本ノ国タル東西僅ニ六百里　北海道ヲ数ヘズ　ニ過ギズシテ、**言語相通**ゼザルカクノ如キモノハ他ナシ。従前**会話ノ学**ナキガ故《ゆえ》ナリ。（同書、四〇頁。傍線は原文のもの）

日本中同じことば（共通語。東京語？）で話されることが当たり前になっている現代からすると想像できないかもしれませんが、明治国家による統一以前の日本では、同じ日本と言っても、人々は各地域独特の話しことば（お国ことば＝方言）を使って暮らしていたのです（先の阿部さんの返答の通りです）。その名残は、一九六一年生まれの私の子ども時代にもあった記憶があります。なんと、同じ山形県内なのに、親の実家に行くと、そちらのおじさん、おばさんの話すことばと、こちらの話すことばがほとんど通じず、通じないことに笑い合いながら、肝心の中身の「談話」ができなかったという思い出です。

幕末に日本に来た「外国人」と「言語」が通じ合わないために、通じ合う必要から生まれた「会話」本。日本の地方の「民」と「言語」が通じ合わないために、通じ合う必要から生まれた「会話《コトバヅカヒ》」科。明治政府が国策として力を入れてきた「会話」とは、このように、異なる話しことばを持つ人たち同士が相通じ合うために必要な「道具」（ツール）であったと言えるでしょう。

これに対して、本書で考え深めていくのは、そのような「言語相通ズ」を図るための学びではなく、すでに同じ話しことばで会話をしている人同士が、その話しことばのやりとりや中身によって、どのような人間関係を育み、そこから何を得ているのかということを、互いに発見し合っていくための学びです。いわば、「会話を通した人間関係論・人間活動論」といった類いの学びです。

明治政府が作った「会話《コトバヅカヒ》」科は結局、「会話ノ学」にまでは至らず、実際の教育現場では寺子屋以来の伝統的な文字ことばを中心に行われたために、「先駆的な意味を持つものとしてだけで終わってしまいました」と、先の文部省『教科書から見た明治初期の言語・文字の教育』には書かれています。

もっとも、寺子屋や明治政府が意図した「会話ノ学」がどのようなものであれ、人々が家庭を持ち、仕事をし、住んでいる近隣の人たち同士で何かを教え合い、世話をし合い、助け合うという日常生活の基本型を成り立たせていたのは、それ以前も以後も、「文字ことば」ではなく、人と人の「おしゃべりことば」、現在の意味でいう「会話」だったのではないでしょうか？　私が駄菓子屋に着目したのは、それを確かめる入り口にしたかったからです。

百科事典によれば、「駄菓子屋」の起源は、江戸時代、江戸の町の辻にあった番小屋に住む番太の商いから始まったとあります。「店」の起源にまで遡《さかのぼ》れば、中世の時代、定期市が常設になった「見世《みせ》」（商品を見せて並べる様子からきたことば）にまで辿《たど》りつきます。想像力を広げれば、きっとそのような場所でも、先の、店のおばあちゃんと女の子との会話（おしゃべり）のようなやりとりが、たくさんあったのではないでしょうか。

では、そういう「人と人とのおしゃべり」を意味する語の起源については、どこまで遡れるでしょうか。例えば、先の『日本国語大辞典　第二版』には、「雑談《ぞうだん》」ということば（意味は「とりとめのない、さまざまの話をすること。また、その話。よもやま話。雑話。ざつだん」）が平安時代の記録に見出せると書かれています。とすると、「会話の学び」を探求するには、近代の学校の歴史を辿るだけでなく、人間の営みそのものの歴史をより広い視野からとらえていく必要がありそうです。駄菓子屋と学校の起源を探った、小著『駄菓子屋楽校』の第一章「駄菓子屋の想古学」の最後に、私は次のように書きました（同書、二〇〇二年版、一一一頁）。

本書『駄菓子屋楽校』からわかることとは、「学校だけが、ガッコウじゃない」ということなのです。

「会話」ということばが明治国家による教育政策から出てきたことはわかったとして、では、現在の私たちが、現在の意味でいう「会話」を学校で学んできたかどうか、という点についてはいかがでしょうか。あなたはどう実感していますか？

先生がちゃんと教えたのに、私たちが覚えていなかったということもあるかもしれませんので、まずは、学校が「会話」について教えているかどうかを確認しておく必要がありそうです。

現在学校で教えている内容については、文部科学省のホームページで学習指導要領を閲覧すれば知ることができます。学習指導要領とは、全国どこの地域に住んでいても、一定の水準の教育を受けられるようにするために、教育課程の編成基準を文部科学省が指針として定めたものです。教科書はそれに基づいて作られ、学習指導要領は社会の変化に対応しながら約一〇年ごとに改訂されています。ですから、年齢によって、受けてきた教育の内容が違っている部分もあります。現在の学習指導要領は、現在の子どもたちが受けている教育の内容です。現在の小学校の国語の授業に照らして、学習指導要領の「会話」に関わる内容を見てみましょう。

学習指導要領では、会話に関わる内容は「話すこと」「聞くこと」「話し合うこと」の三つで構成されていて、その中の「話し合うこと」については、学年ごとに次のように記載されています（『国語編小学校学習指導要領（平成二九年告示）解説』三〇頁。傍点は引用者＝筆者のもの）。


【第一学年及び第二学年】

**互いの話に関心をもち、相手の発言を受けて話をつなぐこと。**

【第三学年及び第四学年】

目的や進め方を確認し、司会などの役割を果たしながら話し合い、互いの意見の共通点や相違点に着目して、考えをまとめること。

【第五学年及び第六学年】

互いの立場や意図を明確にしながら計画的に話し合い、考えを広げたりまとめたりすること。


小学一・二年生の内容、「互いの話に関心をもち、相手の発言を受けて話をつなぐこと」は、まさに私が思う「会話の学び」そのものです。ところで、私自身に照らすと、この内容については「まったくまだまだだな」とあらためて思ってしまいます。あなたは、いかがでしょうか？　人のことばかり言えませんが、人と人が話し合っているさまざまな場面を見ていると、こうした基本的内容をうまく実践できていない大人の人たちは少なくないように感じられます。小学一・二年生の内容は、「人と人との話し合い」（会話）のあり方の基本を示したものですが、実は大人になってもなかなか身につけるのが難しい内容なのです。

さて、次の小学三・四年生の内容を見ると、突然、「人と人との話し合い」（会話）から、司会の役割など「組織集団での話し合い」（会議）になります。その内容の文末表現が「つなぐこと」から「まとめること」に変わっていることが、象徴的です。五・六年生の内容に至っては、まるで大人が職場で行う会議の予行演習のような感じです。人間は、話しことばでやりとりをしながらお互いに助け合って生きている、というのが実際の姿かと思いますが、学習指導要領を見る限りでは、こうした日常生活に必要な会話の学習は小学一・二年生の段階で修了し、三年生からは別の目標（組織集団での話し合い）に向かわねばなりません。これは、一・二年生の二年間だけで「人と人との話し合い」（会話）のあり方を身につけねばならないということを意味するのでしょうか。

たしかに、学校教育は、子どもたちに社会生活に関わるさまざまな学習内容を幅広く提供しなければならないので、「会話」にばかり時間を取ってはいられません。また、「会話」の大切さというのは、そもそも日常の家庭生活の中で代々親から自然に学ぶものだと言われれば、それまでかもしれません。

こうしたことが背景にあるために、学校教育で学ぶ「会話」は、「日常生活」に関わるものではなく、「組織集団」に関わるものに主眼が置かれているのでしょうか（「会話」と「会議」のあり方に必要だと思われる共通の視点については、14章であらためて考えます）。

しかし、私のように、親からほとんどことばをかけられず、会話のない家庭で育った者は、どこで、「人とともに生きるための会話」を身につければいいのでしょうか？　学校でも家庭でもそれが難しいのなら、それ以外の場所で身につけるしかありません。私の駄菓子屋研究は、「会話」の拠点（拠《より》所《どころ》）としての場所を探し求めたいという、私自身の切実な思いから始めたものでもあったのです。

以降の章でも、「学校では会話について学ばなかった」という話が出てきます。先生が教えたのに忘れてしまったということもあるかもしれませんが、いずれにしても、「会話の学び」は「人と人がともに生きていく」上で、誰にとっても、またいくつになっても、必要不可欠な学びなのであって、家庭や地域が国や学校に丸投げできるようなものでも、また逆に、国や学校が家庭や地域に丸投げできるようなものでもないことは確かなようです。

# 4 「人の間の平等」を求めて

本書のテーマは、「平等な会話＝等話」です。ここでは、「平等」とはどのようなことなのか、私があえて「平等な」と書いた思いについて記します。

私が願う社会の姿は、人と人とが分け隔てなく接し合い、「お互いに、あなたとともに生きていてうれしい」と実感できるような生き生きとした社会です。その実現のために、誰もが普通に、最も実感を持ってできることとして、「平等な会話＝等話」という会話のあり方を提起しました。

「平等」と似たことばに「対等」があります。「『対等な会話』ではいけないのだろうか?」と、私自身、「平等」と「対等」の違いについてあらためて考えてみました。「対等」ということばには、「対等に肩を並べる」という言い方があるように、誰かと比較して同じくなる意味合いがあります。優劣とか高下とか、そういう状態をなくすために、どこか、双方が同じ土俵で競い合おうとするニュアンスを感じることばです。

これに対して、「平等」ということばには、「平等に分かち合う」という言い方に象徴されるように、「ともに生きている者同士は根源的に等しいのだ」という意味合いを感じます。その反対の状態が「不平等」なのでしょう。「対等に分かち合う」という言い方はされません。また、「不対等」という言い方もありません。世界遺産として有名な平等院（京都・宇治市）の名前の由来は、「仏の救済は誰にも平等」ということから来ているそうです。対等院という名称では変ですよね。

新型コロナウイルスのパンデミック（世界的な大流行）の中で、黒人差別を背景とするアメリカでの事件をきっかけに、人種間の不平等への抗議の声が、世界中に広がりました。多くの人が失業し、仕事や家を失うなど、経済格差による不平等の問題も、世界的な問題としてあらためて浮き彫りになっています。日本も例外ではありません。近年では子どもにまで貧困問題が及び、全国各地で無料もしくは低額の「子ども食堂」が民間によって運営されているといった有り様《さま》です。

また、日本では少子高齢化によって、世代間格差という新たな不平等問題も生じ始めています。現在の高齢者がもらっている年金の額を次の世代はもらえないと皆わかっているので、若い世代は自分たちの老後を不安に思っています。若い人たちは、将来の老後の貯えを心配しながら、高齢者の世話（ケア、介護）をしています。これに対して、国は、若いうちから自分で老後の資産を殖やすように努力しろといった態度です。

国はそうした状況に目をそらしてはなりません。特に、国はこれからの社会を担う子どもたちの代弁者になるべきです。それができないのであれば、子どもが直接国政に参加できるよう、現在の選挙権年齢をさらに中・高生のレベルまで引き下げるといった議論が求められるべきではないでしょうか？　社会参加の機会が狭まり、認知機能が衰えた高齢者（私もいずれそうなります）に選挙権があるのなら、自分たちの未来社会に対して希望や不安を抱いているであろう子ども世代にも、その権利が保障されていいはずです。それに、子どもは、大人より打算がないので、事の本質を見抜く力は大人以上にあるでしょうから。

平等な社会を築くには、まずは不平等とはどのようなことなのかをあらためて考え、不平等な社会の現実に向き合おうとする態度が必要です。

フランス革命が始まった一七八九年、フランスの憲法制定国民議会は、「人間と市民の権利の宣言」いわゆる「フランス人権宣言」を採択しました。その第一条は、次のような内容です。

第一条　人は、自由、かつ、**権利において平等**なものとして生まれ、生存する。社会的差別は、共同の利益に基づくものでなければ、設けられない。

また、わが国の日本国憲法では、この「権利の平等」を次のように規定しています。

第一四条　すべて国民は、**法の下に平等**であって、人種、信条、性別、社会的身分又は門地により、政治的、経済的又は社会的関係において、差別されない。

日頃私たちは、法律の専門家でない限り、いちいち憲法を念頭に置いて暮らしているわけではありません。平等といっても、私たちは生まれた時から、親から受け継いだ遺伝子、家庭環境、育った土地、その他さまざまな属性によって、皆一人ひとり異なっているということは自明です。だからこそ、そこから生じる不平等＝差別は法によって禁じられていますし、そうした個々人の違いは、むしろ個人やその所属集団の個有性として尊重し合わなければならないとされています。では、私たちはどのようにすれば、皆が平等と思える社会を築くことができるのでしょうか？

ここで私が提起したいのは、平等な社会のあり方は、国や法、あるいは権利のレベルだけでは描き切れないということです。人と人との関係は、つねにその場その場の状況の中で築かれていくものです。ですから、そこに生じる平等／不平等もまた、私たち自身が考え、判断し、行動する具体的なプロセスや結果から生じてくるはずです。

「権利における平等」「法の下の平等」は当然保障されるべきものですが、あくまでそれは法律であって、現実の社会がそういう状態になっていることを意味するわけではありません。平等な社会を実現するには、「人の間の平等／不平等」状態を実際に形づくっている私たち自身が何とかしなければなりません。そのことを忘れてしまったら、私たちは、社会的な不平等をなくすために国や法を正しく機能させるどころか、そうした不平等の状態に、直接的にか間接的にか、知らず知らずに加担している自分に気づけなくなってしまうこともあり得るでしょう。それぞれがまず自分の考えで何が平等で不平等なのかを考え、自分の中で平等意識を育んでいくこと、それが、人が人を思いやること、人とともに生きること、ひいては「権利における平等」「法の下の平等」を実現していくことではないかと、私は思うのです。

人と人が向かい合い、じっくりとお互いに耳を傾け合って話すことを「対話」と言います。「対」は、「対峙」「対立」「対決」などのことばにも用いられます。私のイメージでは、「対話」ということばは、「私」の領域と「あなた」の領域を明確に区別することで成り立つ人間関係が前提となっていることばのようにも感じられます。私が「平等な会話＝等話」ということばをあえて選んだのは、そのような緊張関係ではなく、それぞれに違いはあっても、お互いの存在を認め合いながら、「私」の領域の中に「あなた」がいて、「あなた」の領域の中に「私」がいるという共生関係に支えられた和やかな風景をイメージしてもらいたかったからです。

私が駄菓子屋の研究に取り組んでいた時、駄菓子屋に商品を卸してまわる営業マンに一日同伴して、卸す人の目から見た「はやる店のヒケツ」を聞き取ったことがあります。その人が語ってくれた中に、まさにここで言う「平等な会話＝等話」や「人の間の平等」について考えを深めさせてくれることばがありました。

「A店ははやる。一キロほどに二軒の大きな店に挟まれながらも、客がいつも来る。金で買えないものがあるんだな。**それは、親切**。卸しにも親切、客にも親切。店員一人がよくてもだめだ。父ちゃん、母ちゃん、息子も、誰が店番してもみな感じがいい店がはやる。いつ行っても感じがいい。**みんなでよくするっていう気持ちが伝わるんだな**。安ければはやるわけでもないよ。売れる店と売れない店は、はっきりわかるな。**しゃべるとわかる**。毎日の人扱い［接客］はむずかしいよ。スーパーやデパートなら、いろいろなものを置いておけばいいけど、小さい店はそうはいかない。いつも、にこにこ、やさしく**平等に**サービスする。一円でもまける。あとは、根気。気長く待つことだな。」

「ここの店主は、子どもをすごく大切にしている。二円持ってきて、これで何か買えないかと言う子どもに、ぶら下がったあめ切りとってバラで売ってあげるんだ。普通はひとつながりで一〇円だけど。だから子どもは**信用**して、自由に来るようになる。**どんな子にも**、わかるようにていねいに買い物の計算を教えているよ。**本当に親切だ**。どんな子も**甲乙つけないで分けへだてなく**一丁前に扱っている。子どもはそれを学校でしゃべるわけだ。子ども扱いがじつにうまい。いっしょについて来て買わない子にまで、買った子と**同じように**まけるんだ。どんな子どもにも大人にもまける。キパッと売る。二割が儲け。まけても一割は儲け。在庫を残さないように頭使ってるよ。残ったのを売るのが儲けなんだから。」（前掲『駄菓子屋楽校』二〇〇二年版、一七三－一七四頁）

現在は、ネットショッピングで商品を買おうとすると、人工知能（AI）が自動的に「私の欲しいもの」を察して探してくれるようにまでなっています。そのような時代に、私たちが右の「はやる店」の店主から学べることは何でしょうか？　それは、AIにはまだ決してできない（と思われる）、「人と人との関係」から何かを感じ取り、その思いを平等に人に分け与えようとする、「人の間の平等」を作り出す力ではないでしょうか。

フランスの啓蒙思想家ジャン＝ジャック・ルソーが一七六二年に著わした『社会契約論』は、市民相互の契約によって成立する近代国家の理想の姿を論じ、フランス革命に大きな影響を与えたと言われています。しかし、そこには、具体的な個人と個人の関係性までは記されていません。近代国家が見落としてきたのは（または、目が届かずにきたのは）、この「個人と個人の関係性」についての考え方ではないかと思うのです。

契約という点から見ると、現代の社会はまさに「**契約社会**」（あらゆる関わりを契約で結ぼうとする社会）です。私もあなたも、現代社会の仕組みの中で暮らしていくには、電力会社やガス会社や水道局や通信会社など、さまざまなインフラ機関と利用契約を結ばなければなりません。また、働くことも、多くの人はサラリーマンとして役所や企業などの組織体に就職し、契約によって月給をもらい、国や自治体に税金を納めて暮らしています。こうした契約関係は、ホームヘルパーを利用する時にも、介護施設に入居する時にも、すべてに当てはまります。

私たちは、官民さまざまな組織・団体とたくさんの契約を結ぶことによって安定的な暮らしを得るという仕組みの中で生きています。契約社員ならぬ、**契約市民**といった感じです。しかし、そうした「契約社会」によって「失われているもの」はないでしょうか？

多くのことが契約関係で結ばれているこの社会にあって、家族や恋人や友人同士はそうした関係の中で生きているわけではありません。一人の人間としてお互いに信頼し合い、相手を思う努力をし合うことで、契約を必要としない関係を育んでいます。それは、個人と個人が結び合う「信の関係」とも呼ぶべき関係です。

契約にばかり慣れてしまい、信頼し合うことへの努力を失っている家族（**契約家族**と呼んでみます）はいないでしょうか？

私が駄菓子屋の店主と子どもの交流に目をとめたのも、この「失われているもの」の取り戻しが現代社会では何よりも大事になるのではないかと思ったからです。

ルソーの『社会契約論』の中に、次のような記述がありました。

「〔…〕もし、社会契約から、本質的でないものを取り除くなら、次の言葉に帰着することがわかるだろう。われわれのおのおのは、身体とすべての能力を共同のものとして、一般意思の最高の指揮のもとに置く。それに応じて、われわれは、団体のなかでの各構成員を、分割不可能な全体の部分として受け入れる。

この結社行為は、直ちに各契約者の**個々の人格に代わって**、一つの精神的で集合的な団体を生みだす。」（ルソー「社会契約論」作田啓一訳、『ルソー全集』第五巻、浜名優美ほか訳、白水社、一九七九年、一二二頁。傍点は原文のもの）

このルソーの考えからすれば、契約社会によって私たちが失ってしまったもの、またはこれから失う恐れのあるものとは、「個々の人格」（つまり、その人固有の人柄や性格）を尊重し合って生きようとする、「人と人との関わり合い」そのものなのではないでしょうか。

組織の一員や契約関係者としてではなく、「一人の人間」としてお互いに接し合おうとするあり方。チェーン店で用いられる紋切り型のことばではなく、お互いの「人格」から発せられる生身《なまみ》のことばを通じてお互いにやりとりしようとするあり方。私が駄菓子を売る店のおばあちゃんと子どもとの会話に見出した「平等な会話＝等話」の本質も、そこにあるように感じたのです（本書2章）。

もっとも、ルソー自身、そのような「人と人との関わり合い」をしなかった人かと言えば、まったく違います。『ルソー全集』（全一四巻、白水社、一九七九年）には、手紙や回想録など、愛憎こもごも実に濃密な人間関係に揉《も》まれながら多方面に思索を広げてきた、ルソーの素顔を伝える私的文書も収められています。もし、ここにルソーがいれば、今どのような社会が私たちに求められているのか、この大思想家に臆すことなく、一人の人間としての「ルソーさん」に、平等な気持ちで尋ねてみたいものです。

ところで、「人の間の平等」について考えるには、さらに奥の深い思索が必要かもしれません。先の駄菓子屋営業マンのことばに引き寄せれば、「甲乙つけないで分けへだてなく」同じように子どもと接することだけが平等なのか、「個々の「子どもの」人格」に応じた平等な接し方というものはないのか、私自身、もっと考えを深めたいと思います。

あなたなら、どう考えますか？

# 5 人間社会の何が変わったのか？

私たちは、昨日と今日で自分がどれくらい成長したのか、また老いたのか、一日刻みの日常の中ではなかなかそうした変化をとらえることはできません。たった一日でみるみる成長する夏野菜の観察のようにはいきません。

社会全体の動きについても、私たちは目の前で起きている変化にはなかなか気づかず、あとになってからそれを実感することのほうが多いのではないでしょうか。ふり返った時に、昔と随分変わったね、昔はこうだったね、と懐かしく回想するというのが普通です。私も、同年代の妻とは、食卓で時折、子どもの頃はこうだった、ああだったと、笑いながら思い出談義に花を咲かせることがあります。

しかし、私たちの社会を見渡すと、変化した現在を素直に笑顔で受け入れるわけにはいかないことも少なくなさそうです。

突然起きた新型コロナウイルスの蔓延によって、一人部屋にいる時間が多くなりました。ふと気づくと、日頃の人とのつながりやつき合いについてふり返っている自分が、そこにいます。一人部屋にいることと孤独であることとは違いますが、コロナ禍によって、一人暮らしで孤独を強いられている高齢者がいっそう増えていると、ニュースで報じられていました。一人暮らしで在宅生活（ステイホーム）を強いられている大学生や社会人も同じような状況にあります。日本では高齢者の孤独がよく問題にされてきましたが、今やこの問題は高齢者以外の層にも広がり、また世界的な現象でもあると言われているようです。

イギリスでは、二〇一八年に孤独問題を担当する政務職（孤独担当相）が配置されたほどです。当時、孤独担当相は自国民に対し、「孤独は一日にたばこ一五本吸うのと同じ害がある」と呼びかけ、「孤独について語ろうキャンペーン」を実施したそうです。またアメリカの日刊紙ニューヨークタイムズは、同年四月一六日付で次のような論説記事を掲載しています（デイビット・ブルックス「コラムニストの眼」朝日新聞抄訳、四月二八日）。

「一九八〇年代には、孤独を感じることが多いと答えた米国人は二〇％だった。それが今や四〇％に増加。自殺率は過去三〇年間で最も高い。うつ病の割合は六〇年から一〇倍に増えた。三〇歳未満の母親のもとに生まれた子は、ほとんどが婚外子。職場の同僚同士の人間関係に関する米国人の満足度はこの三〇年間、減少の一途をたどっている。」

なぜ、人は孤独に悩むようになったのでしょうか？　たくさんの人が暮らしているはずの都会で、それが目立つのはなぜでしょうか。人は一人では生きられないとよく言われますが、目の前に誰かがいなくても、スマホやパソコンを使えば宅配で物品を調達でき、人の多いスーパーに行っても、誰とも話さずに食料品を買えるという意味では、現代の私たちは一人でもちゃんと生きられるのかもしれません。しかし、そういう「便利な社会」が人を孤独に陥れているということはないでしょうか？

ここで言う「便利な社会」とは、資本主義経済と科学・情報技術（ＩＴ）の発達によって作り上げられてきたものです。お金があって、何らかの道具を使えば、「個人として一人でもちゃんと自由に存在でき」、さまざまなサービスを手に入れて経済生活を営むことができる社会です。それは生産の現場にも見られます。例えば、農作業は、土の耕しから始めて大変な労力がいる作業です。一人ではできないので、かつては皆の手で協力し合って行うのが当たり前でしたが、農機具が機械化され、それを個人単位で購入できるようになると、一人でも可能な作業になりました。

ところで、「個人として一人でもちゃんと自由に存在できる」ようにしてくれるこうしたサービス経済の特徴は、「人との関わり」の観点からすると、「お客」と「店の従業員」といった、お互いの役割が固定化された一方通行の関係になっていることがわかります。スーパーやコンビニに行けば、どこでも同じような口調のことばで「いらっしゃいませ」と声をかけられ、お客はお金（電子マネー）と引き換えに商品を交換し、店を出るまで一言も話さずに買い物をすることもできます。この場合、「会話」という点では限りなくゼロです。

こうした一方通行性は、私たちの暮らしの中にどんどん入り込んでいます。飲食チェーンなどでも、お客に喜んでお金を払ってもらえるように、「お客様第一主義」と称して、あの手この手で競合他社とのサービス競争に腐心しています。お客にサービスを評価させるアンケート用紙まで置いて、従業員の働き具合をチェックしながら売上向上を目指す会社も増えています。お客は、ただそのサービスを受け取り、サービスを評価するだけです。

サービスをする側と、サービスを受ける側のこうした一方通行的な光景はほかにもたくさん見られます。学校では先生が一方的に話して、生徒は黙ってそれを聞く。会社では上司が指示を出して、部下はそれを聞いて言われたことをする。人生の終盤の介護の現場でも、介護士が「～さん、元気ですか？」と声をかけ、介護される高齢者は「元気です」と返答するか頷《うなず》くかする程度です。至るところで、話しことばも一方通行です。

近年では、生徒が教師とともに能動的に学ぶアクティブラーニングという教育方法が注目され始めてはいますが、私たちが現在暮らしている社会の多くの部分は、「私聞く人、あなた話す人」「私もらう人、あなた与える人」という一方通行の関係にあふれています。スクール・カウンセラーやキャリア・コンサルタントなど、新たな専門職がどんどん生み出され、生み出されるほどに、「与える人」の役割は細分化、固定化されるので、話しことばの一方通行性もさらに強まっています（もちろん、例外的な方々はどんな分野にもいらっしゃいますが）。また、現代では、自然災害や人為的災害の増加に伴い、市民による自発的なボランティア活動が増えていて、それ自体は大変心強いことなのですが、こうした現場では、「支援する側」の一方通行による話しことばが、被災した方々との関係性に何らかの弊害をもたらす場合があるという話も聞きます。

「助ける—助けられる」「教える—教えられる」など、そもそも人は人生の局面局面でどちらの立場にもなり得ます。人がともに助け合って生きていく姿の原点は、人間の持つこの両面性にあるのだと思います。状況によってお互い同士がどちらの立場にもなり代われるという、いわば「**相互通行**」に**基づく関係性**が、「人と人の間」のあるべき姿でしょう。一方通行の関わりばかり体験していると、ともすると、相手の立場に立つことや、相手を思いやることを忘れがちになりはしないでしょうか？

昔に比べれば、私たちの社会は確かに便利になり、その恩恵に浴すれば、快適な生活を送れるようになりました。インフラもしっかり整備され、日本中、毎日どこかで各種の保守点検が行われていることで、私たちの生活は守られています。しかし、便利さによって「何が変わり、何を失ったのか」「これから何をどのようにすべきなのか」については、私たちが私たち自身のあり方をつねに保守点検する中で、見つけ出していかなければなりません。

私は、それを見つけ出す手がかりは私たちの思い出の中にあるのではないかと考えます（私が人々の思い出から駄菓子屋空間の価値に気づかされたのと同じように）。

次の二つの作文は、今回、私のゼミ生三人とオンラインで会話交流してくださった長野県シニア大学の関係者、受講者の方々から寄せられた「昭和の思い出」です。この方々の思い出の中にも、たくさんの手がかりが散りばめられていると感じます。

---

## 昭和の思い出

長野県シニア大学専門コース・ライフデザインコース講師、長野県生涯学習推進センター所長　木下巨一《きのしたのりかず》

私は昭和三一［一九五六］年に長野県の南の都市、飯田市の街なかで生まれた。母は長女で跡取りでもあったことから、自宅で美容師を始め、家にはつねに二人ほど住込みの若い美容師さんがおり、祖父母、両親、母の兄弟三人、弟、そしてお手伝いさんと一〇数人の大家族の中で幼い頃を過ごした。

つねに母が働く背中を見て育つとともに、母の仕事が忙しい時は、勤め人であった**父が子連れで出勤し、仕事中、私は父が常連客で通っていた会社近くの釜めし屋に預けられていたこともあった。**

当時は街なかでも薪《まき》のお風呂で、三日に一度くらいしか炊いていなかったことから、**同い年のI君がいるお隣の電気屋さんで一緒にお風呂に入ったことも記憶している。**

近所にはほかにも同い年の幼馴染《おさななじみ》が大勢おり、**男女の区別なく仲良くし、朝飯や夕飯をごちそうになることも当たり前であった。**朝食では、わが家の納豆には砂糖が入っており、それが当たり前と思っていたところ、友人のM君の家で食べた納豆には砂糖が入っておらず、びっくりしたという思い出もある。

今考えてみると、**大家族の暮らしと、他人の家にも気軽に出はいりしていた日常の中で、大勢の大人たちや仲間たちに囲まれ、多様性を肌で感じながら育ってきたことが、今の私の大事な原体験となっている。**

## 昭和の思い出

専門コース二〇二〇年度受講予定　木本《このもと》圭子

私は昭和四一［一九六六］年に九州の佐賀県で生まれました。その頃、テレビは白黒のブラウン管テレビで、洋服も今とは違って手づくりだったので、買う服を既製品と呼んでいた時代です。**大**

**体は母親が作ってくれた服を着ていた気がします**。そして、父のオートバイの後ろにつかまって、少し離れた町まで買い物についていった記憶も、当時の写真を見ると蘇ります。もちろん、写真も白黒写真です。

幼稚園は母の自転車に乗せられて通いました。途中にある金物屋さんにはいろいろなものが置いてあり、**そこを通るたびになぜかとてもワクワクしたことを覚えています**。そのうち、父が車を買いました。車は今みたいに故障が少ない車ではなく、すぐオーバーヒートするような車でした。道路はアスファルトで舗装されているところはほとんどなく、草が生えているような、でこぼこ道ばかりで、いい道でも、砂利が敷いてある程度で、車の乗り心地はあまりよくなかった記憶があります。

私が四歳の時の昭和四五［一九七〇］年、大阪で万国博覧会が開催され、その五年後、大阪万博跡地にマンションが建ちました。そこが今の私の実家になります。**今では、マンションがたくさん建ち並び、竹やぶや田んぼがあった当時の風景は、ほとんど見る影もありません**。唯一変わらないのは、万博のシンボル「太陽の塔」が昔と同じ場所に建っていることくらいです。

その後、私はスキーで長野県白馬《はくば》村に来たことが縁で、この地で結婚しました。私がお嫁に来た二五年前は、**都会とはまったく違う時間が流れていました**。雪国独特の昔ながらの習慣がまだ色濃く残っていました。白馬村には、「行政区」と言われる地区があり、地区の中には「組」や「仲間」

という単位のくくりもあり、さらに「仲間」の中には「氏《うじ》」のグループがあったりと、各地区にいろいろなグループで関われる仕組みが今も残っています。

昔は、雪の深い日には茅葺《かやぶ》き屋根の家の下でいろりを囲み、**近所の人たちが一緒におしゃべりしながら藁《わら》仕事をし、その合間にお茶飲みをしていました。雪がない時期は、畑仕事の合間にお茶飲みです。近所の人たちが持ち回りで家に呼び、手づくりの漬物、煮物、おひたしなど、お膳がいっぱいになるくらい、たくさん並べてお茶飲みをします。**そのお茶も、お酒を注ぐように、ちょっと飲んだらお互いにお茶を注ぎ合い、お茶請けを食べながら何杯も飲みます。**お茶請けはその家々で味が違い、この辺りの名物、野沢菜漬けもさまざまな味や歯ざわり、風味で、味わうのが大きな楽しみの一つでした。**

と、過去形にするのは、世代が変わり、現金を取る仕事に就く人が増えて、家にいる人が少なくなり、皆忙しくなって、今現在ではほとんどそうした光景が見られなくなったからです。**お茶飲み世代の人たちは、あの頃がよかったと言います。**そのお茶飲み世代の最年少グループも今や七五歳を超え、生活のほとんどを若い人たちの暮らし方に合わせる形となりました。

二〇一四年に白馬神城《かみしろ》断層地震という大きな地震がありました。その地震では全壊する家が多かった中で、亡くなる人はいませんでした。このことが世間で話題になりました。全壊や倒壊した家の下敷きになった人たちをとても早く救出できたのは、近所同士がそれらの家の家族構成はもちろんのこと、その家の人がどこに働きに行って、何時に帰ってきて、どこで寝ていて、など細かなことまでよく知っていたからだと、聞いています。**家に呼ばれてお茶飲みして、他愛もない話をするという習慣を大事にしていたから、家の中のことも家の人のことも当たり前のように知っていたのです。**無事救出されたのは、このことがとても大きかったと思います。

この地域は、地区の行事も非常に多く、消防団もあり、それぞれ仕事がありながらも、**地区の整備をみんな総出でやり、「自分たちの住んでいる地区は自分たちで守る」ということが、当たり前の地域です。ただそれも、最近は私のように、よそから来る人が多くなり、子どもたちは当たり前のように都会に出ていき、様相が変わってきました。**田畑も自分たちでは管理できなくなり、担い手さんに任せる家が増え、人にお金を払って管理してもらっているというのが現状です。

昭和のよき時代、戦争もありましたが、**高度経済成長で生活は劇的に変化し、田舎でも「隣は何をする人ぞ」というくらい、近所づき合いは激減しています。**

今の七〇代以上の方は言います。「**昔はのんきだった。**車も電車もなく、歩くしかなかったから、一日かけて歩いて、町に用事を足しに行ったり、田植えも**親戚縁者同士で助け合い、**今日はここの家の田植え、明日はあそこの家の田植えと、手で植えてまわった。」**今は機械であっという間に植えてしまえる分、農作業を通じての人との交流、人と話すことが非常に減って、話さなくても仕事ができる時代になっていると感じます。**

図2　2020年の日本の人口状況

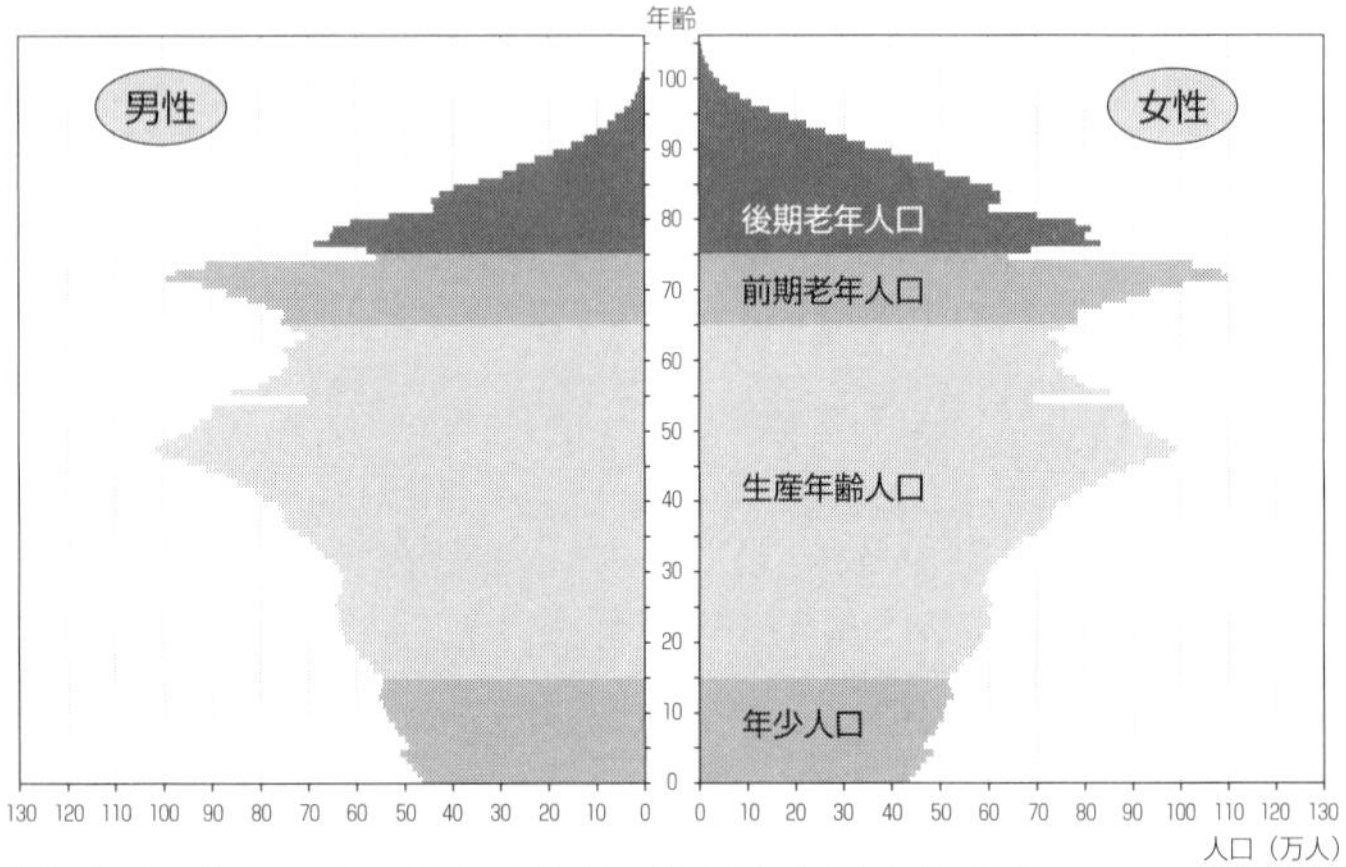


出所：「日本の将来推計人口（平成29年推計）」（出生中位［死亡中位］推計）。

図3　2040年の日本の推計人口状況

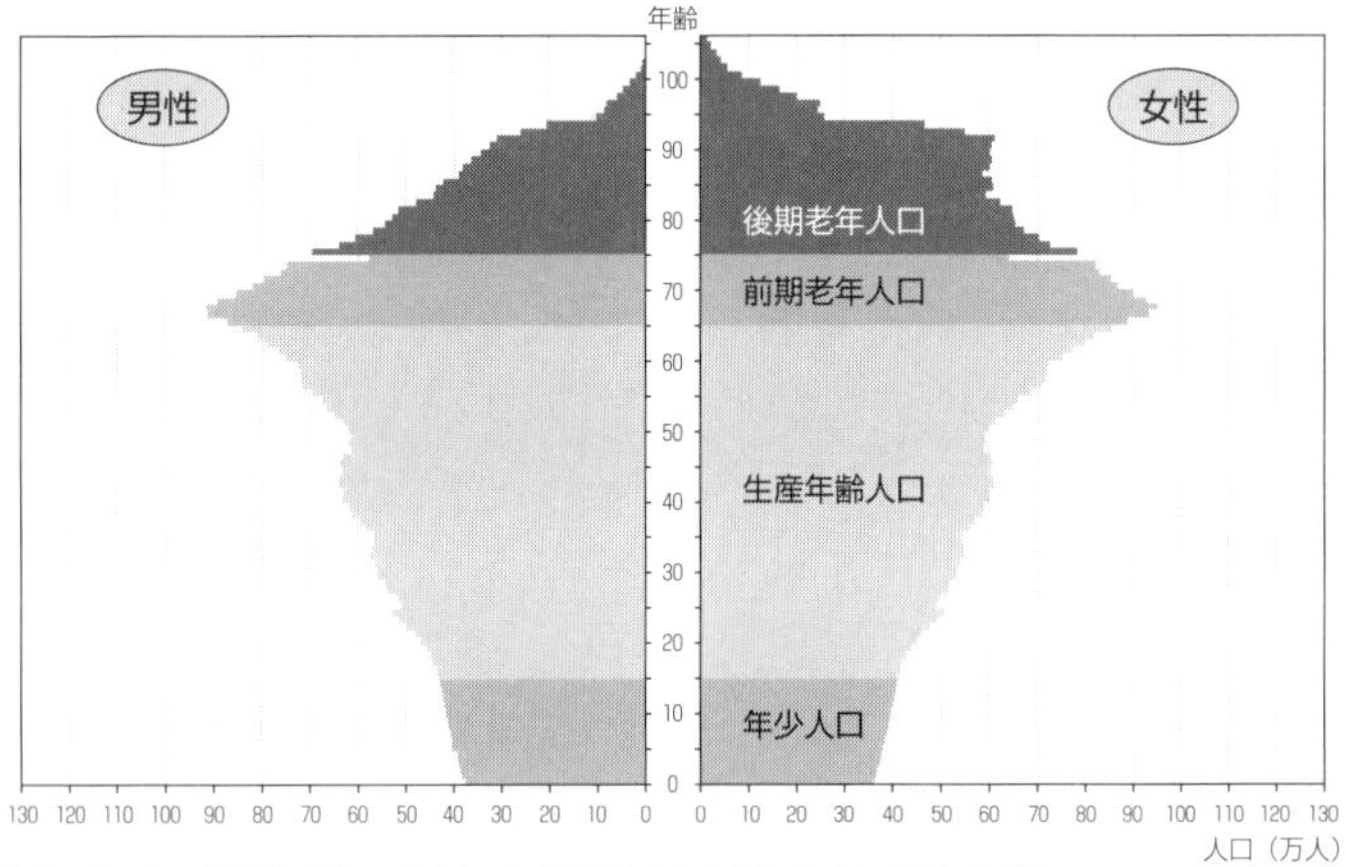


出所：「日本の将来推計人口（平成29年推計）」（出生中位［死亡中位］推計）。

**いろりを囲んで藁仕事やお茶飲みをしながら話す**という、この地域の生活文化から、私は実にたくさんのことを学んできました。今現在、私は、高齢者のデイサービスの仕事に携わる中で、**高齢者の方々から、それはそれは、本にも書かれてないような、素晴らしいお話を日々お聞きして、幸せな生活をしています。**

図2は、二〇二〇年現在の日本の人口状況です。図3は、その二〇年後、つまり、第二次ベビーブーム（一九七一―七四年）生まれの世代が六五歳以上となる、二〇四〇年の日本の推計人口状況です。現状のような社会状況の中で、推計通りに進めば、一方通行で介護される高齢者はさらに増え、若い人たちの負担もますます増えていくことでしょう。

しかし、今紹介した「昭和の思い出」と同じように、高齢世代の思い出の中には、これからの生き方と社会づくりへのヒントが数多く隠されているように思います。高齢世代と若い世代が「平等な会話＝等話」を通じてそれらを見つけ合い、そこから、「ともに生きていく喜びを分かち合える関係」が生み出されていくなら、それはどんなに素晴らしいことでしょう。

あなたは、いかが思いますか？

# 6 石器人とスマホ人

在宅生活（ステイホーム）で一人部屋にいる時間、あなたは何をしていますか？

今や、世界中の人々が最も多くの時間を費やしていること、それは、スマホやパソコンの画面とのにらめっこではないでしょうか。

現代人の生活と生活様式を特徴づける最大の出来事は、インターネットで世界とつながる道具（スマホ）を、手のひらに持ったことでしょう。かつて石器人が携帯していた道具（高度な加工技術によって作られた石器）と比較すれば、現代の**スマホ人**（スマホを常時見ている人をそう呼んでみます）が、石器人と比べていかに異なる生活や生活様式を手にしたかが察せられます。

私たち人類は、石器の使用によって人類になったと考えられています。人類の直接の祖先であるホモ・サピエンスは、二〇万年ほど前に進化してきたと言われますが、その前に、ホモ・ハビリスやホモ・エレクトスなどさまざまな人類の仲間も、二五〇万年ほど前から石器を用いていたことがわかっています（今後の発掘調査の研究は、これをさらに遡らせるかもしれません）。

それから時代が一気に下り、今から二、三〇年前をふり返ると、現代の私たちの社会生活にインターネット革命が起こります。インターネットによる最初の革命は、世界中の情報を居ながらにしてパソコンの画面で検索でき、自分の情報を世界中に発信できるようになったことです。そして、次の革命はここ一〇年ほどの出来事ですが、SNSによって、しかもそのサービスをスマホ片手に持ち歩きながら利用することによって、世界中の人と実名で、タップ一つで交信できるようになったことでしょう。

この第二の革命の大きな担い手となったフェイスブック社（二〇〇四年創業）が、現在、世界最大の企業の一つになっていることは、まさにこの革命が地球規模の革命であったことを証明しています。きっと、あなたも、フェイスブックやインスタグラム（フェイスブック傘下）やツイッター、あるいは日本で普及しているラインなど、各企業のSNSの利用に多くの日常時間を割いているのではないでしょうか。SNSは今や、災害時の利用も含めて、社会生活の重要なインフラの一つにまでなっています。

スマホ人は、ちょっとの時間があれば、スマホを開き、SNS上で次々と更新される誰かの投稿画面を見ています。誰が何をした。どこに行ってきた。何を食べた。今日は誰の誕生日、おめでとう！

…といった画面を。ちょうど、小学生の時に描いた「～しました絵日記」ふうのことが、今や全世界の人々によって文字や写真や動画で瞬時に発信され、それらの情報が私たちのスマホの画面に延々と流れ続けているのです。それはまるで、開きっぱなしの蛇口から大量の水がじゃぶじゃぶと音を立てて流れ続けているような、情報洪水の状態です。

私もたまに、「～しました」など、出来事の情報を文字と写真で投稿する時があります（私は無精なので、それをまめにはしていませんが）。投稿後は、どこの誰から「いいね！」が来るか、何人からそれが来るか、やはり気になります。SNSの運営企業はそのような人の心理も計算済みで、私のメールに、ご丁寧にも、「友達がフェイスブックページへの『いいね！』をリクエストしています」といった案内までくれます。

在宅生活の時間、ますますそうした画面をぼーっと見続け、中毒のような状態になっている人も多いかもしれませんね。もっとも、そうなればSNS企業にとっては、利用者・利用時間が増えるわけですから、広告収入が増え、事業をさらに広げることができます。

利用者の中には、「一人部屋にいても、SNSで誰かとつながっているから孤独感はない」と思っている人もいるでしょう。しかし、先に紹介したニューヨークタイムズ紙の論説記事（本書四五－四六頁）は、こうも警告しています。「インターネットを長時間使う人は、すぐそばの隣人と接して、世話をし合ったり、手を差し伸べたりすることがずっと少ない傾向にあるのだ。近隣住民の社会構造において、**何か大きな変化が起きている**」。その前段では、次のような調査結果を報告しています。

「彼らはより多くの時間をデジタル画面とともに一人で過ごし、画面を見ている時間が多くなればなるほど不幸だと感じる人は多い。ソーシャルメディアを長時間使用する八年生（中学二年生）は、うつ状態になる確率が二七％高い。」

この論説の見出しは「孤独の病　助長するSNS――人間関係の質の低下」です。あなたは、あなた自身に照らしてどう感じますか？　私の場合、SNSの画面を見たとしても、対面で人と会話をする時ほどの感情の動きはありません。むしろ、次々と更新される「私は~しました」という誰かの自己発信、自己満足ばかりを見ていると、つながりを強制させられるような気持ちになり、疲れてしまいます。自分の活動を知ってもらいたいために（時には相手から何かを得たいために）発信しているのですから、お互い様なのでしょうが。

SNSは、お互いに自己発信し合えるつながり、自分を見せ合えるつながりのプラットフォームになっています。つながりを求めることは、人間の根源的欲求の一つです。近所に、自分と同じ興味・関心を持つ人たちが集住しているということはまずあり得ません。SNSによって、多くの人とつながりを持てるようになったこと自体は、まちがいなく人類史における一大革命です。

とはいえ、何ごとにも一長一短があり、バランスが必要です。目の前に相手がいるのに、お互いにスマホの画面に見入り、会話もそぞろ、それぞれが自分のスマホの画面を通じて遠くの誰かとつながっている――こうした光景は、今や普通になっています。以下では、私たち現代人にも潜在しているはずの石器人的な要素を探りつつ、スマホ人の今後のあり方について私なりに考えて、あなたに問いかけてみたいと思います。

包丁のように切れる鋭利な道具＝石器を携帯した石器人は、この道具をまさに食肉などを切る包丁として使っていたようです（石器自体は、ほかにも用途によってさまざまな石材と形状のものがあります）。では、石器人はこの道具を使って、一人孤独に肉を切り、一人孤独に食べていたのでしょうか？

現代の私たちは、食肉と言えば、薄く切られてパック詰めされたスーパーの肉しか思い浮かびません。しかし、当たり前のことですが、その肉のもとを辿れば、牛肉にしても豚肉にしても鶏肉にしても、生き物である動物一頭・一羽、丸ごとの姿になります。それらを解体し、人間の口に入る大きさにどこかで切っているのです（肉屋さんに行けば、その前段階の肉の塊くらいは見られるでしょうが）。

消費者としての私たちが見ることのない、そうした生産流通のバックヤードで行われている解体作業を、かつての石器人は日常生活の中でごく普通に行っていたことでしょう。しかも、当時は冷蔵庫のような保存手段はないので、仲間や家族と協力して、捕らえた獲物をその場で分かち合って食べていたと想像されます（分かち合って食べる喜びの感情もまた分かち合って）。

当時、人類が小集団単位で生活していたことは、遺跡の発掘調査から明らかになっています。石器を使って肉を切るという営みの背景には、仲間や家族たちによる小集団の日常があったのです。皆で協力して動物を狩り、その肉を解体・料理し、分かち合って食べることで、人類は生き延び、世代を継ぎ、こうして今、私たちがいます。

石器人が分かち合って食べる時、コロナ禍にある今の私たちがそうしているように、人としゃべらず、黙って食べ合っていたはずはありません。英語で「仲間」を意味する「コンパニオン」(companion)は、「ともにパンを分かち合う」という意味を表す、ラテン語com（ともに）-panis（パン）が語源とのことですが、石器人はまさに、「会話と食」の楽しさをともに分かち合う、「**話食同源**」とでも呼ぶべき文化の創造者と言えそうです。石器人にとって、そこでのおしゃべりは、「人と人がともに助け合って生きていく」強力な媒介物、**社会的な栄養素**になっていたのではないでしょうか？

スマホを使った「遠くの人との瞬間的なつながり」ばかりに浸っていては、石器人の時代以来、遥か長い年月をかけて育んできた「近くの人との持続的なつながり」の意義が見えにくくなってしまうかもしれません。

二〇〇二年、フェイスブックはまだ生まれていませんが、私はこの年上梓した『駄菓子屋楽校』の中で、隣にいる近くの人との関わりを大事にしようとするタイプの人間を「**隣人類**」（**ダガシヤン**）、メディア（媒介物）を使って遠くの人との関わりを広げようとするタイプの人間を「**遠人類**」（**デジ

図4　両生類＝隣人類＋遠人類

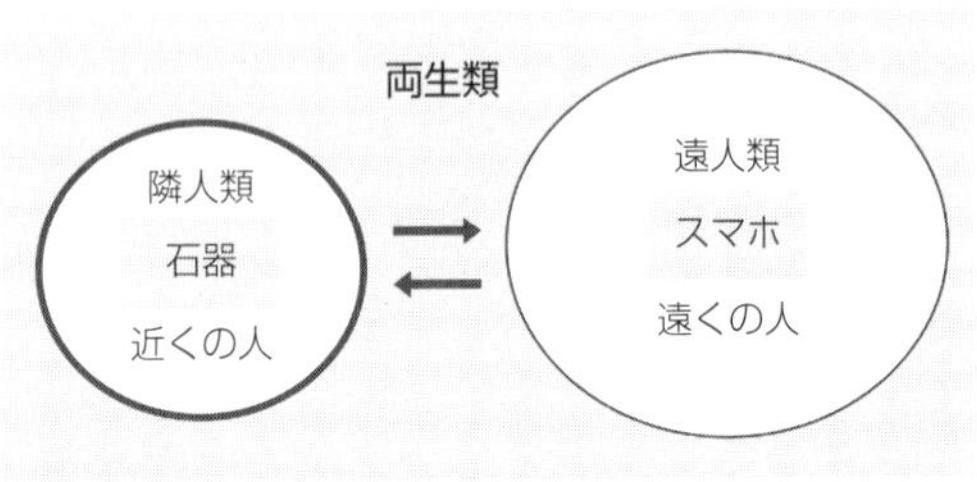


タリアン）と名づけ、今や私たちの誰もがこの二つのタイプの間でバランスを取りながら、「両生類的」に生きていかなければならない時代に入ったと述べました（図4）。例えば、今あなたが、家族やパートナーや仲間と、つまり近くの人と、手づくり料理を楽しんでいるとします。そしてその写真をインスタグラム（写真投稿をメインとするSNS）に投稿したとします。すると、次の瞬間には、同じように手づくり料理の写真を投稿している遠くの人と画面を通じてつながることができます。同時にあなたは、遠くの人が作った手づくり料理についての話題を近くの人と共有し、楽しい時間を過ごすこともできるでしょう。それによって、近くの人とも遠くの人とも、濃淡のある関係を築き合う、新たな生活様式を体験できるようになります。これも「両生類的」な生き方の一例と言えるかもしれません。

今回のコロナ禍による在宅生活は、「情報（デジタル）」によってつながる人間」の視点からだけでなく、人類誕生以来の「物質と生命体としての人間」という視点からも、私たちスマホ人のあり方を再確認させてくれています。在宅生活の中で、私たちはスマホやパソコンばかりに縛られているわけではなく、お腹が空けば台所に立ち、石器の進化型である包丁を手にして、何かしら料理を作って食べているはずです。「外出自粛」を国や自治体から要請された「第一波」の時期（二〇二〇年春）には、餃子の皮やお好み焼きの粉が大いに売れ、スーパーの棚からなくなったそうです。私も空の棚を見ました。スマホ人と言えども、情報のつながりだけでは生きていけません。今回の「外出自粛」は、「物質と生命体としての人間」の存在に、あらためて気づく契機になったことでしょう。また、隣人と肉や鍋を分かち合って食べ、おしゃべりしながら人間関係を紡いできた石器人の営みがいかに大切であるかについても、肌で感じることができたように思われます。一方、今も病院では、医師や看護師の方々が献身的に、新型コロナウイルスに感染した患者さんをはじめ、多くの人々の治療にあたってくれています。「私」という生命体に直接手を差しのべ、助けてくれるのは、「私」のそばにいてくれる「隣人類」なのです。

このように、石器人の視点からコロナ禍にある私たちの暮らしの営みを見ると、私たちスマホ人にも、石器人の心が確かに埋め込まれていると実感することができます。

小著『駄菓子屋楽校』には、「石器」と「ケータイ」（携帯電話）の実測図を比較掲載しました（二〇〇二年版、二九八頁。次頁図5）。その後ケータイはスマホに進化していますが、二〇年後には、現在のスマホも確実に進化しているはずです。すでに文字や音声や動画だけでなく、プログラミング言語によるＡＩの進化にも目覚ましいものがあります。それらが高度化すればするほど、それらとのバランスを取るために、対面での会話のやりとりも、ますます重視されるようになると思われます。

スマホ、ＳＮＳ、ロボット（例えば、子どもの世話をするロボット、介護するロボット）などのテ

図５　縄文人のケータイと現代人のケータイの実測図

「石匙」（縄文人）原寸1/2　　「電話」（現代人）原寸1/3

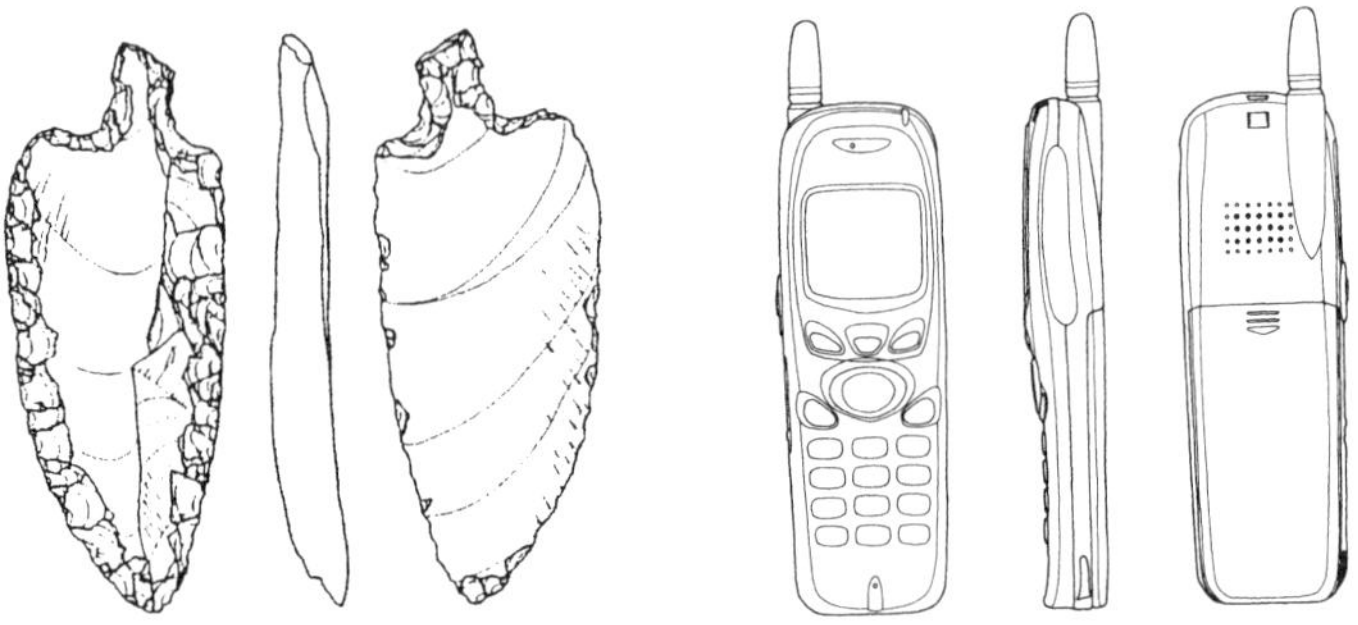

出所：「宮の前遺跡第３次発掘調査報告書」山形県埋蔵文化財センター調査報告書第65集、1999年。

作画：黒坂広美

クノロジーが人間関係を希薄にしている――そのような警鐘を鳴らし続けるアメリカの臨床心理学者シェリー・タークルは、自著『つながっているのに孤独』（渡会圭子訳、ダイヤモンド社、二〇一八年）の末尾で、私たちに次のような助言を与えてくれています（その終章のタイトルは「人間の会話をとりもどす」です）。

「**行動の手始めは**ごく単純なことになるだろう。行儀のよいマナーにすぎないようなものもあるかもしれない。たとえば、オフィスの廊下は同僚と話しながら歩く。ディナーの席、公園、車の中、誰かと一緒にいるときは携帯電話を出さない。もっと複雑なこともある。」（同書、五一〇頁）

原著は二〇一一年刊、原タイトルは『*Alone Together*』です。Aloneは「孤独な」、togetherは「一緒に」を意味します。副題は『*Why we expect more from technology and less from each other*（なぜわれわれは、テクノロジーからはより多くを期待し、お互いからはほんの少ししか求めないのか）』です。タークル先生はさらに、二〇一五年には続編として、「会話のとりもどし」そのものをテーマにした『*Reclaiming Conversation : The power of talk in a digital age*（会話の再生――デジタル時代における話の力）』（邦訳『一緒にいてもスマホ』日暮雅通訳、青土社、二〇一七年）を書いています。その中でタークル先生は、食卓での会話の効用について、親が担うべき役割に触れながら、次のように語っています。

「**自宅で家族と囲む食卓というのも、時間をかけてつくり出し、築き上げていくものだ**。食事の場を築いていきながら、問題が起きても命取りにはならないということを子供に教える。今日はだめでもまた明日じっくり話をすればいいのだと。**食卓は平衡感覚を養う場である**。親が注意力散漫で子供のちょっとした感情の起伏を話題にしないくらい、別に害はないように思えるかもしれない。だが、犠牲になるものがあるのだ。どんなことが緊急でどんなことが緊急でないのか、どんなことなら自分だけで対処できるのかを子供が学ぶには、親の注意が力になる。親が不注意だと、子供には何もかも急を要することだらけに思えるだろう。

子供がひとりで問題をかかえているのは、緊急事態だ。**大人と会話している子供は、人生の大事な一瞬に向き合い、人生への取り組み方を学んでいる**。

私たちが会話を、そして会話する場を取り戻したら、次には長期的思考の重要性を再考することになる。**人生は、手っとり早い解決を求める問題のようなわけにはいかない。人生とは会話であり、人は会話をする場を必要とする。**」（同書、四二三―四二四頁）

タークル先生が指摘している食卓の場での会話の意義は、まさに、石器人や「隣人類」が培ってきたそれ、そのものです。

タークル先生は、人生にとっての会話の意義を説き、スマホやSNSやロボットなどのテクノロジーがその意義を希薄化させていると分析しています。たしかに私もそう思います。ただ、一つ補足するならば、そうした希薄化は、実はスマホ以前に、すでに始まっていたのではないかということです。前章で紹介した長野県シニア大学の方々の作文にも見られたように、どこかで世代間の断絶があり、その時点から「会話の効用」の軽視（ほかの何かを重視）が始まっていたのかもしれません。

それでも、石器人とスマホ人の性格を併せ持つハイブリッドな**両生類的人類**に進化しつつある私たちには、太古から営々と受け継がれてきた「会話の効用」をとらえる力が、一人ひとりのDNAの中にしっかりと埋め込まれているはずです。私たちの人生も社会も、すべては目の前の人との会話によって支えられてきたという事実。この当たり前の事実を思い起こす必要がありそうです。

**両生類的人類**の未来は、そこから拓かれていくのではないでしょうか？

# 7 「平等な会話＝等話」は、あなたを一八〇度変えるか

しかし、スマホ生活にすっかり慣れ親しんだ若い人たちの間からは、次のような声も聞こえてきそうです。「『目の前の人との会話を大切にしよう』というのはわかるけれども、ただそれだけのことが、どうしてそんなに重要視されるのですか?」と。ひょっとして、あなたもそう思ってはいないでしょうか?

では、もし、目の前の人との「平等な会話＝等話」が、あなたを「一八〇度変える」としたらどうでしょう?

次に紹介する文章は、「平等な会話」というものを授業で体験したら、「一八〇度変わった」と書いてくれた二人の大学生の作文の一部です。

今まで受け身であった**私の意識・思考のすべてが一八〇度変わり、**何をする時でも自分から行動できるようになった。［…］それにより、私は会話の力というものを、身をもって体感した。**これは今までの消極的な私からはとても考えられない大きな成長である。**［…］私は来年度、私が関心持った市民活動に参加することにした。与えられたことをやるだけでは、本当の学びにはつながらない。その意味が今回の授業の中での［平等な会話の］体験学習でより深く理解できたように感じている。教室内だけでなく、**学外でも、人の気持ちを推し量り積極的に声がけができるようになった。**傘のない人を自分の傘に入れたり、車内で席を当たり前にゆずったり、といった行動も取れるようになった。今まで単なる善行としてクールにとらえていた行為が、実は人と人が生きる上で最も大切な行為であることに気づき、**人間として大きく成長できたと実感している。**［…］

私は最初、この講義に対してほとんど関心がなかった。他の授業と同様、ただ単位を取得するために選択したにすぎなかった。将来についての展望がなかったため、ただ淡々と授業内容を習得すればそれでよいと思っていた。ところが、授業形式のユニークさを前にして、そうした考えはすぐに消えた。毎回の授業では必ず誰かがマイクを持ち発言する、あるいは自分の意見を他の人に発信する。こうした授業の形式が実に新鮮だった。**自分の考えが一八〇度変わった。**［…］私の地元、仙台市が行っている社会教育事業や生涯学習について、その存在を初めて知った。それまで私は地元のことを何も知らなかったし、市が行う事業などにはまったく興味もなかった。だが調べていくうちに、子ども向けの「わくわく映画館」［仙台市が行っている一六ミリフィルム映画の上映事業］や「親子の食育講座」など、市民に寄り添う活動に関心を持ち始め、自分も何かできないかと思うようになった。簡易塾を開いて子どもの学習を支援してみたい、夜遅くまで親が帰ってこない児童のために施設を作り、一緒に遊び、食事する場を提供してみたい、と夢はふくらんでいる。夢を実現するためには、授業で学んだ「人のために」を胸に刻んでおかなければならない。**私が思う生涯学習とは、人に寄り添い、人のために考え、自分も一緒に学んで成長することである。**［…］

二人の学生が参加した授業は、私が大学で担当している科目の一つ「生涯学習論」です。ここで、この科目で私が何を述べ、どのような問いかけを行っているか、特に生涯学習の現代的課題という側面から、ほんの一部だけ紹介します（その中味は本書全体に反映させているつもりですが）。

これまで生涯学習というと、仕事を退職して日中時間のあるシニア世代の人たちが公民館などで趣味や教養（カルチャー）を習うもの、といったイメージがあったと思います。

しかし、現在、私たちが住んでいる地域社会を見渡すと、一人暮らしの高齢者問題や、少子化・人口減少問題など、社会全般に関わる問題が、至るところでじわじわと、私たちの日常生活に影響を及ぼすようになっています。こうしたことから、最近ではシニア世代の方々自身が、自分の趣味や教養を楽しむだけでなく、自分たちの生活課題や地域の課題にも目を向け始めています（少しずつですが）。そのため、そうした課題に積極的に取り組むための講座づくりも、生涯学習の一環として了解されるようになってきました（これも少しずつですが）。

一方、そうした生涯学習の学びの必要性については、むしろ、現役世代、若い世代のほうがより切実かもしれません。今や日本社会の雇用環境は、これまでシニア世代が安心して働くことのできた終身雇用制度をベースにしたものではなくなりました。転職や新規事業立ち上げは、若者たちの間では普通に見られるようになっています。しかも、ＡＩやロボットの普及によって「いらなくなる仕事」が増え、つねに「雇用の危機」と隣り合わせで働かねばならない時代環境になっていくだろうとも言われています。もしそうであれば、「必要になる仕事」に就くために、新たなことをつねに学び続けていかなければなりません。そのことだけでも、若い世代はシニア世代とはまったく切実感が異なります。

こうした雇用環境の変化からすると、今後最も必要になるのは、それぞれがその時々に専門技能を身につけさえすればそれでいいというのではなく、それぞれの能力を誰とでも生かし合う「新たな人間関係づくり」や「新たな協力関係づくり」を、自身の生涯学習としてそれぞれが心がけていくことなのではないでしょうか。

若い世代の間では、「女性の社会進出」が当たり前になり（男女間のジェンダーバランスはまだまだですが）、男女協力して家事や育児をすることもごく普通になっています。この点でも、シニア世代の意識とは大きく異なるでしょう。しかし、現在の若い世代が社会の中軸となる二〇四〇年頃の超少子高齢社会は、もっと大きな変化を伴う社会になるかもしれません。その社会を生きていくために、現在の若い世代は、見本がない手探りの中で、一生涯学び続ける気持ちを持って、生涯学習的な学びを自分のものにしていかなければなりません。

そうであれば、学びの場も、学校や大学というこれまでのイメージとは大きく変わってくるでしょう。大学自体も、これからは、多様な世代の人たちが学び合う場になるに違いありません。世代間をつなぐ「ともに生きるための学び」の場が求められているのです。国や自治体もそれを支援していかねばなりません。すでに各自治体の公民館などには専門職員も配置され、市民のための生涯学習をサポートしていますが、今後は、シニア世代の趣味や教養（カルチャー）だけでなく、世代間共通の社会的課題をテーマにした講座も、充実させていく必要があります。

ここで、生涯学習や社会教育に関わる日本における法的な大枠を見ておきます。教育基本法に示された「生涯学習の理念」と、社会教育法に示された「社会教育の定義」は、次の条文の通りです（私が大学で受け持つ「生涯学習論」の授業では、最初にこれを確認することから始めています）。

教育基本法
第三条（生涯学習の理念）　国民一人一人が、**自己の人格を磨き、豊かな人生を送ることができるよう**、その生涯にわたって、あらゆる機会に、あらゆる場所において学習することができ、その成果を適切に生かすことのできる社会の実現が図られなければならない。

社会教育法
第二条（社会教育の定義）　この法律において「社会教育」とは、学校教育法又は就学前の子どもに関する教育、保育等の総合的な提供の推進に関する法律に基づき、**学校の教育課程として行われる教育活動を除き**、主として青少年及び成人に対して行われる組織的な教育活動（体育及びレクリエーションの活動を含む。）をいう。

教育基本法にある「生涯学習の理念」からすると、その目指すべき社会は、国民誰もが「自己の人格を磨き、豊かな人生を送ること」が可能な社会ということになります。
では、「人格」（その人固有の人柄や性格）とはどのような人格を指すのでしょうか？　また、「豊かな人生」とはどのような人生を指すのでしょうか？　日本は自由主義社会ですから、そのようなことは一人ひとりの意思で自由に決めればよいのでしょうか？　あるいは、日本は民主主義社会ですから、そのようなことは皆で話し合って決めればよいのでしょうか？　いずれにしても、「生涯学習の理念」にある「自己の人格を磨き、豊かな人生を送ること」とはどういうことか、それ自体を互いに考え合っていく場にすることが、すべての生涯学習講座における一番の目的になるべきだと言えそうです。

だとすると、生涯学習のどんな講座でも、その締めくくりには、必ず次のような問いかけを盛り込んでみてもよいのではないでしょうか？
「この講座を通して、あなたは自分の『人格』をどのようなものとしてとらえることができましたか？　また、自分の『人生』をどのようなものとして感じることができましたか？」。

実際には、こうした問いかけを盛り込んだ講座はいまだどこでもなされていないのではないかと思われます。各講座の中身を学ぶだけで終わっています。「生涯学習の理念」を掲げる国や自治体側には、ぜひ、その理念に適った講座の具現化に取り組んでもらいたいものです。

法・制度面から見ると、教育基本法は、「教育」に関する憲法のような存在です。ですから、国民すべてが享受すべき内容を持つものです。この法律によって、教育の領域は「学校教育」と「社会教育」の二つに分けられます。これを各自治体の組織分掌の面から見ると、各自治体の教育委員会の中に、「学校教育課」と「生涯学習課（または社会教育課）」が二つ分かれた形で配置されているところが多いようです。

社会教育法は、社会教育に関する国や自治体の任務を定めたものです。生涯学習の支援事業に専門職員として携わる「社会教育主事」という資格制度は、この法律によって規定されています。大学で行われている「生涯学習概論」（私の大学では「生涯学習論」）の授業は、その資格を得るための必修科目です。さらに社会の変化と人々の多様な学びに対応するために、二〇二〇年度には「社会教育士」という新たな社会教育資格が制度化されました。「社会教育主事」は、自治体の職員として教育委員会の生涯学習課または社会教育課や公民館などに配属されることでその資格が発令されますが、「社会教育士」は、社会教育主事養成課程の修了をもってその資格が取得できます。

さて次に、私が大学で行っている「生涯学習論」の授業方法についてお話しします。この授業で私が最も重視しているのが、本書のテーマ、「平等な会話＝等話」です。

大学の授業というと、先生が一方的に話し、専門的知識を教え授ける、といった場面を思い浮かべる人が多いのではないでしょうか。私の授業は、そうでない学びの場も成立し得るという前提に立って行われています。先生が話すだけの一方通行的な授業だけではなく、先生は学生が話す機会も確保する、という「**相互通行**」**的な授業**です。もちろん、現在ではどの大学の先生も、さまざまな工夫を凝らして、学生との双方向性を重視した教育実践を試みていますし、その改善にも日々努めています。私の実践もその一つの試みにすぎません。とはいえ、とりわけ「生涯学習論」における双方向的な授業方法の場合は、生涯学習それ自体を学生自身が自己体験する場にもなると、私は考えています。

私の授業では、学生にマイクを渡して自身の考えを話してもらったり、隣の席の学生（**隣人類！**）同士で話し合ったりと、会話を通じたやりとりの時間を必ず設けるようにしています。その際、私が「約束事」として学生に伝えているのが、本書の巻頭に記した「**等話の心がけ　五か条**」の内容です。授業では「等話」ということばは使わずに、「お互いの話す時間が平等になるよう心がけよう」「一方通行ではなく、お互いに相手に問いかけ合おう」「会話のキャッチボールができるよう心がけよう」と、「等話」を実践するための具体的な要素を示してアドバイスしています。

昨年度（二〇一九年度）のこの授業の受講者数は約二六〇名でした。教室は机・椅子が固定された大講義室です。できるだけ毎回隣が初めての人になるよう座ってもらうことを提案しました。また、学生だけでなく、千客万来、地域に住む社会人の方や生涯学習の仕事に携わっている方にも、学生に混じってゲストとして参加してもらいました。

学生たちは、こうした形式の授業を週一で一三回ほど体験しました。そして最終回では、学習成果の自己評価として、「自分がどう変わったか（学習変容したか）」を作文で表現しました。先の二人の学生の作文はその一部です。毎回の授業の最後にも、短い作文を書いてもらいました。それを授業に参加してくれたゲストの方々に返礼代わりにお渡ししたり、ゲストの方々に書いてもらった作文を学生に読んでもらったりしながら、「『相互通行』による平等な学び合い」の状況を作るよう努めました。

学生たちには、あらかじめ作文の公開を了解してもらいました。自分たちの学びの成果をより多くの人に紹介し、関心ある社会人の方々の目に止まれば、そうした方々の中から新たなゲスト参加者が出てきたり、地域の現場の声が何らかの形で学生に届けられたりするかもしれないと期待したからです。授業では、大学ｰ地域間のそうした「**学びの交流の往還**」も目指しました。

私は、全国の生涯学習行政担当者などが読んでいる専門誌『社会教育』（一般財団法人日本青年館）に、「発想する！授業（生涯にわたって社会のいたるところで学ぶための方法序説）」と題した連載記事を毎月寄稿しています（二〇二一年三月号で通巻一七七号。四月号からは、若い世代の執筆者も入ったチーム体制になります）。そこでも、私の教育実践内容とともに学生の作文を紹介し（名前は出さず）、読者からの感想を学生にフィードバックして、「**往還的な学び**」の実験を試みています。

授業の紹介が長くなりましたが、以降の章でも、学生の作文をいくつか紹介ながら、本書のテーマである「等話」から得られる実践的な学びについて、皆さんと考えを深め合いたいと思います。

さて、先に紹介した二人の学生の作文には、「私の意識・思考のすべてが一八〇度変わった」「自分の考えが一八〇度変わった」という感想が記されていますが、これは、まだ社会経験が少なく、未熟な分だけいくらでも自己変革できるという、若者特有の変化を示しているのでしょうか？　いや、そうとばかりは言えません。とかく、年を取るほど頭が固くなり、考えや思いを変えることが難しくなるとは言われていますが（私もです）、自己変革能力というのは年齢に関係なく、その気になれば、いくつになっても発揮できるものだと思います（自分が変わろうとする気持ちがあるかどうかです）。

人間の学習能力については、認知能力と非認知能力の二つに分けてとらえる見方があります。認知能力とは、読み書きや計算など数量テストで評価される能力です。これに対して、非認知能力とは、それらのテストでは評価できない能力、感情や心の働きなどに関連する能力とされています。例えば、人と協力し合う能力、最後までやり遂げようとする能力、新たなことに挑戦しようとする能力、失敗から立ち上がる能力などがそれに当たります。

「一八〇度変わった」と自覚できること、また、それによって自らの内に具体的な行動変容を起こすことは、通常の学校のテストで測りにかけて評価できるようなものではありません。この「一八〇度の変化」は非認知能力の高まりを示すもので、それは、認知能力のテストに当てはめれば、一〇〇点満点に相当する成果かもしれません。

学びのバランスという点から見ても、認知能力の学習だけでは息が詰まってしまうでしょう。ですから、これからの学校教育においては、非認知能力を育む学習法も、より積極的に採り入れていく必要があるのではないでしょうか。地域の方々が学校の教育活動に参加したり、子どもたちが地域に出て地域の人と交流したりする「地域と学校の協働活動」は、まさにそうした学習法の一つと言えるでしょう。

学生に「一八〇度変わった」と言わしめた「等話」の実践と非認知能力との関係——あなたはどう思われますか？

# 8 人は「話しことば」で人になる

人類の歴史において、「話しことば」でのやりとりは、いつ頃から始まったのでしょうか?遺物のように残された証拠がないので、はっきりとはわからないと言われていますが、石器で食肉を解体して家族や仲間と食べ合いながら話していたことを想像すれば、少なくとも石器の遺物と同時代には始まっていたのではないかと思われます。

私たち人間は、「話しことば」を用いることによって、集団生活を営んできました。このことは、私たちの毎日の暮らしをふり返るだけで容易に了解できます。もちろん、カラスなど他の動物も、ことばを発して「意思疎通」を図っていることは知られています。しかし、人間の話しことばの高度さは群を抜いており、その高度さによって、人間は実に多彩な協力活動や創造活動(そこには対立や紛争、戦争などもありますが)を生み出し、現在の私たちがあることは事実です。

「高度な話しことば」と言いましたが、なにも難しい専門用語を駆使して、「～だから～である。ゆえに～である」と論理的に話すことだけが高度だというわけではありません。

例えば、「どうしたの？」と、相手の表情を見ながら気遣うことを、他の動物はどれくらいできるでしょうか？「～して困っています。どうしたらいいでしょうか？」と、理由を説明して相手に相談を求めることを、他の動物はできるでしょうか？「～しては、どうかな？」と、相手の立場に立ってアドバイスすることを、他の動物はできるでしょうか？

相手の思いや考えを推し量りながら、相手や周りの人と話し合い、力を合わせて問題解決を図っていくことは、いわば、「高度な話しことば」による高度な連携プレーです。

そのように考えると、私たち「人間の話しことば」は、単に、ことばを発し情報を伝え合うためにあるだけでなく、目の前の人と多様な関係を作り、何かを協力して生み出していくためにあることも見えてきます。

この世に生まれ、育った過程を思い起こしてみましょう。これまでにどれくらいの人たちが「私」の成長に関わってくれたことでしょう。親だけでなく、実に多くの人たちからことばをかけられ、育ってきたはずです。そのことが今の「私」を形づくっています。その意味で、「ことばをかける」という行為は、人が人であるための、最も人間的な行為と言えるのではないでしょうか（逆に言えば、ことばをかけないことは、最も人間的でない行為です）。

人からことばをかけられながら私たちは育ち、私たちも人にことばをかけることを身につけ、友達に出会い、社会に出て仕事を持ち、仲間やパートナーを得て、新たな家庭を築く人もいれば新たな世代を産み育てる人もいて、また、そうして年長者になれば、今度は若い世代を育てる側にまわり、人生の終盤には介護の世話になり、最期を迎えます。

人に育てられ、人と活動し、人を育て、人に手助けされて、人生を終える――そうした当たり前に見える「人の一生」を前にすると、「話しことば」というものは、つねに、相手への感謝のことばと、相手からの感謝のことばに満ちあふれたものであってほしいとさえ思えてきます。少なくとも、「自

図6　人の一生における「話しことば」

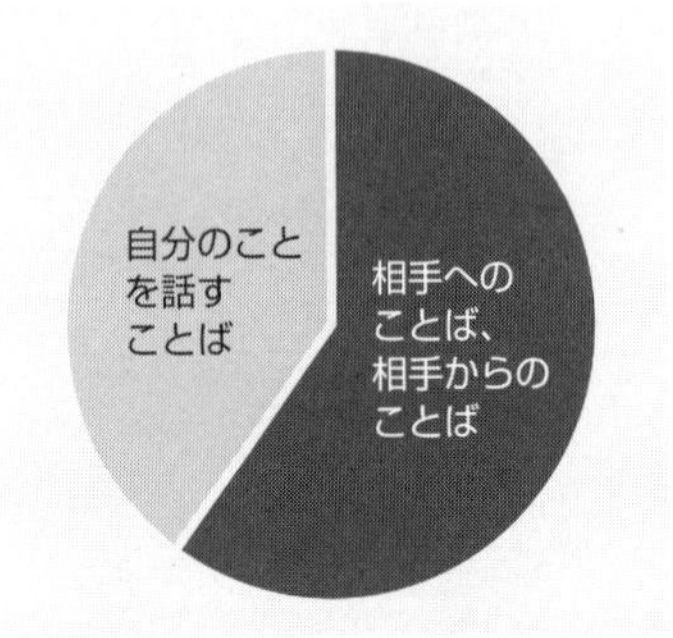


図7　利己的な人の話

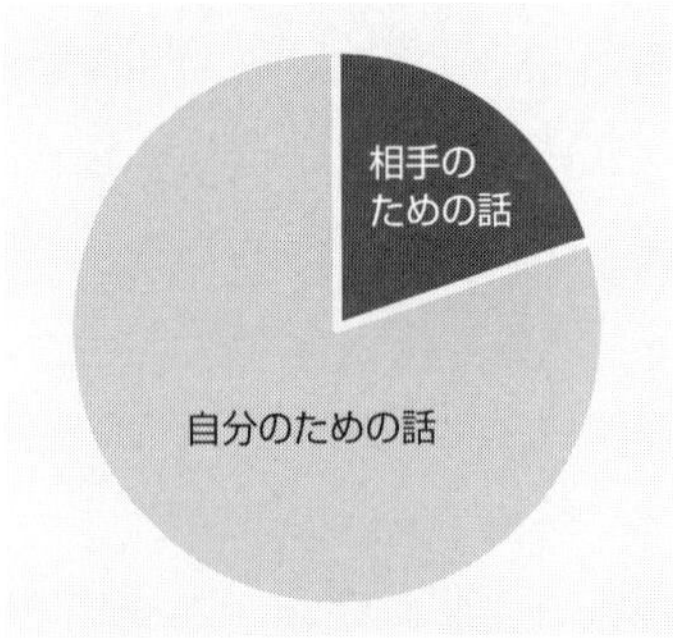


図8　親切な人の話

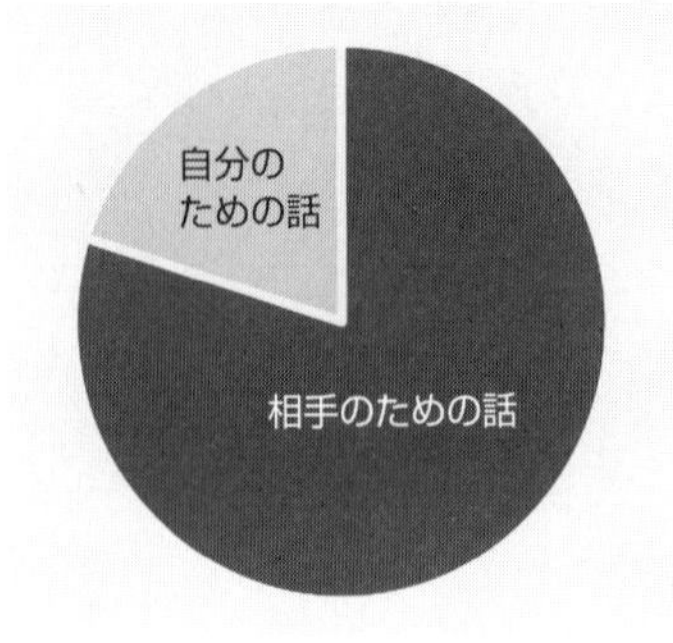

分のことを話すことば」以上に（図6）。

一般に、「自分のための話」ばかりする人は自己中心的（自己チュー）、利己的と言われます（図7）。相手の身になって、「相手のための話」をする人は、親切な人だねと言われます（図8）。誰でも両面を併せ持っています。では、自分はどちらの側面の比率が高いのか、正確に把握できる人などいないでしょうが、今日一日の自分の「話しことば」のやりとりをふり返れば、何となく見えてくるはずです。あなたは、どうでしょうか？

相手を思いやる「話しことば」にあふれた人に出会うと、「ああ、この人は、本当に親切でいい人だなぁ」と私はしみじみ思います。それに比べ、私はどうなのかとふり返ると、「ああ、なんと、自分はまだまだ自己チューで利己的な人間だな」と気が沈んでしまうこともあります。自分で自分をはっきりととらえ切れない時には、もどかしさも感じます。私はまだまだ足りないのです。

人と話をすることは、わが身をふり返ることに通ずる——そうした気づきを次の二人の学生の作文が教えてくれました。

授業の回数を重ねるにつれ、自分に今欠けているものや、身につけるべきものが明確になってきました。［…］**二〇年間も生きてきて、まったく気づかなかったことが今になって見えてきました。**

［…］普段話さない人にこちらから積極的に話しかけたり、アルバイトの接客で気持ちの通ったや

りとりを心がけたりと、少しずつ実践してみました。**こういったことはすぐに結果が出る学びではないし、それをしなくても生きていけるとは思いますが、**きっと、**そうしたことを実践している人のほうがはるかに人生が豊かになると、**この授業を受けて確信しました。人前で話すのが苦手だったり、何ごとにも自信が持てなくとも、自分の行動次第で、何歳であっても変わることができるという先生の言葉が、とても心に響きました。最初はちょっとした興味で選択した科目でしたが、実際に最後まで受講してみると、**自分の中で意識が大きく変わっている**ことがわかります。政治や経済など専門的な学問を身につけることももちろん大切ですが、**人として身につけるべきことを学ぶ**この授業は、少なくとも私にとっては最も重要な授業であったと感じています。この授業では、各地域で取り組まれている工夫に満ちた活動も数多く知ることができました。今後は公民館や町のイベントなどにも積極的に参加し、**他の人の力も借りながら、人として成長していけたら**と思っています。

授業の回数を重ねるうちに、自分から話かけることができるようになった。［…］座って聴いているだけでなく、皆が声を出し合い、意見交換をする能動的な学びこそが、社会教育のよさであると理解することができた。［…］私はこの授業を通して、**自分に足りないものは何かと考えた。**それは、**他者に歩み寄る力、**何かを知ろうとする気持ち、すなわち積極性だ。それに気づいて悩むことができたのは、この授業の中で、話しかけたり、自分の考えをことばにして発言したり、**つまり「動くことを心がけた」**からだと思う。**動いたからこそ、自分の未熟さ、足りないものに気づくことができた。これが学びなのだと思う。**［…］

私たち人間は、人と会話をすることによって、自分に足りないものや、今まで見えなかった「自分の中にあるもの」（長所も短所も）に気づき、自分を成長させているのでしょう。人やいくつかの動物には、他者の行動を見て自分も同じ行動を取る、「鏡」のように反応をする神経細胞があるそうです。ミラーニューロンと名づけられているこの細胞は、他人のことを自分のことのように感じる、いわば「共感する力」を司っていると考えられています。人と会話し、そこから何かを学べてありがたいと感じるのは、この細胞のおかげもあるかもしれません。いずれにしても、人間に備わるこの「共感する力」は、悪しきことではなく善きことに向けられねばなりませんし、そもそも善きこととは何か、その中身を皆で共有していかねばなりません。これも「等話」によって可能ではないかと、私は思っています。

あなたは、どう思いますか？

# 9 コミュニケーションではなく、カンバセーション！

私たちは、とかく、「話しことば」と言うと「コミュニケーション」という語を思い浮かべ、「コミュニケーション力」と言うと「話す力」「説明する力」「プレゼンテーション力」（視覚的な資料を効果的に示して提案する力）のことであると思いがちです。それは、仕事やビジネスの現場における「話しことば」へのイメージが強いからなのでしょう。

日本経済団体連合会（経団連）が毎年行っている新卒採用関連の企業アンケートの調査結果（二〇一八年度）によると、「選考時に重視する要素」の第一位は、一六年連続で「コミュニケーション能力」だったそうです。企業は何度もの面接試験を含めて新卒者を評価し、採用内定を出します。企業にとって、コミュニケーション能力とはどのような能力を指しているのでしょうか？

「相手の質問の意図を汲み取り、誠実に適切に答えることができる能力」「筋道を立てて、論理的に話すことができる能力」「意見の異なる他者と協力して、話し合いを進めることができる能力」「共感の心を示して、円滑に話すことができる能力」などなど、いろいろ考えられるでしょうが、「上下関係にとらわれず、気軽に世間話（＝会話）をすることができる能力」は入るでしょうか？

そもそも、企業とは、利益を生み出すために働いてくれる労働者に、労働対価として給料を支払い、その剰余で利潤を上げていくことを目的とした組織体です。その最終目的からすれば、労働勤務時間内での「話しことば」は、「自社の利潤を上げるために必要な話しことば」ということになるでしょう。例えば、営業スタッフの人たちは、商談相手が何を望んでいるか、いくらなら買ってくれるか、「話しことば」を駆使して、相手の気持ちを探りながら商談をまとめなければなりません。相手もそれがわかっているので、キツネとタヌキの化かし合いのような場面もあるでしょう。会社の研修で、笑顔の作り方を練習させられることもあります。その笑顔の作り方は、友達と楽しくつき合えるようにするためのものではなく、「お客様」に好印象を抱かせ、自社商品を買ってもらうためのもの、つまり企業にとっての最終目的を達成させるためのものです。

しかし、私たちは、起きている間中ずっと会社に勤めているわけではありません。死ぬまで会社に勤め続けるわけでもありません。私たちは、仕事以外の場や時間もたくさん持ちながら、人生を歩んでいます。利潤を上げるための「話しことば」ばかり使っていたら、さぞかし疲れることでしょう。企業が求めるコミュニケーションと、人の人生にとって大切なコミュニケーションとの間には明らかなズレがあります。

企業が求めるコミュニケーションは、自社の利潤を第一に考える一方通行的なコミュニケーションです。たとえ「お客様第一主義」の看板を掲げていたとしても、それはあくまで利潤追求が大前提ですから、その前提がある限り、最終的にはどうしても、「お客様本位」ではなく「会社本位」の一方通行にならざるを得ません。実際、企業の方と話をしていると、そう感じる時があります。会話の目的が絞られているので、話に広がりがなく、おもしろくないこともあります。その方だって、プライベートな時間でもそうしているとは思えませんが、意識して心がけないと、長年染みついた「企業人」的な話し方・態度・感覚が、家庭や仲間との時間にも侵入しているかもしれません（それは、「企業人」だけでなく、「役人」「教員」など、それぞれの職業柄からくる染み込みも同じです。私もそうです）。

近年では、インターネット上でも、「面接の仕方」や「企業が求める『人材』とは何か」など、学生向けの就職活動（就活）対策がたくさん紹介されています。そこで語られているのも、結局は、「学生の皆さん、あなたたちが考えているコミュニケーション能力と、企業が求めているコミュニケーション能力は違うのです！　ただ話ができる、会話ができるということだけではだめなのですよ！」といった内容です。

しかし、そもそも「コミュニケーション」とはどういう意味なのでしょう？　私たちは日頃、そういうことは深く考えずにこのことばを使っています。それは、学生だけでなく、大人もそうでしょう。私もです。そこで、「コミュニケーション」ということばの意味について、あらためて大学の図書館に行って複数の辞書で調べてみました。

特定の刺激によって互いにある意味内容を交換すること。人間社会においては、言語、文字、身ぶりなど、種々のシンボルをなかだちとして複雑かつ頻繁な意味内容の伝達、交換が行なわれ、**これによって共同生活が成り立っている**。（『日本国語大辞典　第二版』小学館、二〇〇三年）

語源的には、ラテン語communis（英語common）から派生した語であり、本来、個体や組織、集団などが接触・交流をもつことにより、「**同化**」**する過程**やそれによって生じる現象を意味する。（『日本語大辞典』朝倉書店、二〇一四年）

「『同化』する過程」ということからすれば、まさに、就活を経て、会社の目的に向かってビジネス・コミュニケーションを身につけていくのは、そういう過程なのでしょう。

英和辞典で調べた「コミュニケーション」（communication）の意味は図9（次頁）の通りです。別の英和辞典には、古フランス語communicacionに由来し、ラテン語communicatioに遡り、その動詞communicare（**共有する**）からの派生語とあり、さらにこの動詞から一**六世紀初頭**に動詞communicate（知らせる）が派生したとありました（次頁図10）。また、語源についての辞典には、動詞communicate

図 9　communication の意味

（思想・情報などの）伝達、通達、通報
（熱・感情などの）伝達
（病気の）伝染
通信、交信、文通、手紙、伝言
（伝達・交換される）情報
通信、交通、連絡の方法
コミュニケーション（言葉・記号・身振りなどによる情報・知識・感情・意思などの交換過程）

出所：『新英和大辞典　第六版』（研究社、2002年）

図10　communication の由来

Communication：意思疎通、伝達、通信
古フランス語 communicacion に由来し、ラテン語 communicatio に遡る。動詞 communicare **「共有する」**からの派生語。このラテン語の動詞から communicate 動詞「知らせる」（**16世紀初頭**から）が派生した。

出所：『オックスフォード英単語由来大辞典』（柊風舎、2016年）

図11　communication の語源

Communicate：1526年（古）　**分かち合う**
1529年　（思想などを…に）伝達する、知らせる
1598年　通信する、交信する、（手紙・電話などで）連絡する

Communication：1400年前　（古）交わり
1419－1605年　討論、会話
1490年　（伝達・交換される）情報
1684年　通信
1690年　（思想・情報などの）伝達

出所：『英語語源辞典』（研究社、1997年）

は一六世紀の古語として、「**分かち合う**」とありました（図11）。
それぞれの人間が「共同生活」の中で情報を「分かち合い」、「同化」するという意味からすれば、職場や組織がどんどん複雑になっている現代では、会議やメールを含めて「共有するための情報」は増える一方ですから、「共同」「分かち合い」「同化」ためのコミュニケーションの機会も激増していることは確かです。

約四〇年前、私が働き始めた頃に、文書作成のワープロ（ワードプロセッサー）が普及しました。その時、「これで手書きから解放され、文書を作る時間も短くなって、楽になるんだね」と同僚と話した記憶があります。ところが、実際には、文書作成に関わる仕事は増える一方です。ワープロの出現で、「共有するための情報」の量がどんどん増えてしまったのです。「そんなに必要なのか？」と内心は思ったこともあります。しかし、「共有するための情報」ですから、職場や組織などではそれらを一つひとつ正確に記録・伝達・保存していかなければなりません。ワープロによる文字と数字の膨大な蓄積は、「情報共有」の結果としての産物だったのです。このことから、現代人にとってのコミュニケーションは、人よりも情報のほうに重点が置かれているとイメージされます。

また、この点では、情報伝達のための媒介物、つまりテレビやSNSといったメディアとの関係も、コミュニケーションとは切り離せないものになっています。私が大学生の頃、コミュニケーションの問題と言えば、マスコミュニケーション（マスコミ）から生じる問題だったかもしれません。昭和の高度経済成長期に家庭の茶の間にテレビが普及して以降、多くの家庭で家族間の会話が少なくなったということが社会問題化したと、当時の教育論にありました。現在では、SNSによるコミュニケーションのあり方が問題にされています。四〇年後には、また別のメディアによるコミュニケーションのあり方が問題にされているかもしれません。

ところで、私たちはメディアを通じたコミュニケーションとは別に、家庭や仲間同士でも、また職場内でも、何かを「共有し、分かち合うこと」、つまりコミュニケーションを取っています。ただし、こちらのコミュニケーションは、情報を文字や数字で記録・伝達・保存しておくような類いのものではありません。ビジネス以外の場で私たちが日常的に行っているコミュニケーション＝「共有と分かち合い」は、「情報共有」のためという明確な目的を持つものではなく、目的の点ではむしろあいまいなものですが、その分、より幅が広く、さまざまな「感情の共有」も含めて、人との豊かな関わり合いを生み出しているコミュニケーションです。ですから、どちらかと言えば、コミュニケーションということばよりは、「カンバセーション」（conversation）、つまり「会話」「おしゃべり」といったことばのほうが、ニュアンス的にはぴったりくるかもしれません。

同じ辞書で、カンバセーション（conversation）の意味と由来を調べてみました（図12・13）。すると興味深いことがわかりました。コミュニケーション（communication）と同様、カ

**図12　conversation の意味と近いことば**

会話、談話、座談、対談
（「会話」の意味は16世紀から）

Talk：話、談話、むだ話／small talk　世間話、雑談
Dialogue：問答、対話
Discourse：説話、講話、講演、談話
Chat：雑談、くつろいだ会話、閑談
Gab：おしゃべり、むだ話

出所：『新英和大辞典　第六版』（研究社、2002年）

**図13　conversation の由来**

Conversation：会話、話し合い、対談
　当初は「囲まれて生活する」や「親しみ、親密さ」を意味していた。
　ラテン語 conversatio が古フランス語経由で入ってきた。
　Conversatio は動詞 conversari「…と付き合う」から生じた。

出所：『オックスフォード英単語由来大辞典』（柊風舎、2016年）

ンバセーション（conversation）ということばも、「現在使われている意味は**一六世紀**からのもの」と書かれているのです（一体、当時のイギリスで何が起こり、この二つのことばは人々の暮らしにどのようにして浸透していったのでしょうか？　一六世紀のイギリスは、エリザベス一世［一五三三－一六〇三年］が在位し、劇作家ウイリアム・シェイクスピア［一五六四－一六一六年］が活躍した時代です）。また、カンバセーション（conversation）ということばは「**当初は『囲まれて生活する』や『親しみ、親密さ』を意味していた**」とも書かれているではありませんか。しかも、カンバセーション（conversation）の語源を調べると、「会話」という意味になる以前は「交わり、社交」の意、さらに遡ると「**生き方、ふるまい**」の意とありました！（図14）「会話はその人の人となりを表す」と言いますが、カンバセーションということばのもともとの語源は、まさにそういう意味だったようです。

図14　conversation の語源

Conversation：約1340年（古）　**生き方、ふるまい**
約1384－1770年　交わり、社交
1580年　Sidney　会話

注：Sidney は、Philip Sidney（1554－86年）、イギリスの詩人。
出所：『英語語源辞典』（研究社、1997年）

　何気ない会話、おしゃべり、世間話。これらは、自分のこと、相手のこと、身近なこと、世の中のことなどについて、お互いに相手とのかけ合いの中で自然に話題を作り出していく行為です。単に、ある一つの目的のために、情報を正確に伝え合えばよいといったものではありません。仕事でのプレゼンテーションのように、事前に準備し、時間をかけて練られた話ではなく、目の前の人と、その場その場で、即興的に発し合うことばの連続体です。

例えば、こんな感じです。散歩をしていると、道のそばの畑で、いつも作物の世話をしているおばあさんがいて…

私「おはようございます」
おばあさん「おはようございます」
私「いい天気ですねえ」
おばあさん「そうですねえ。散歩も気持ちいいでしょう?」
私「いい気持ちですね。それは何ですか?」
おばあさん「そらまめなのよ。初めて植えたの。実ってくれるといいけど」
私「私も初めて見せてもらいました。毎日世話して、成長するのを見るのは楽しいでしょうねえ」

まるでジャズの即興のように、自然に話がつながり、話題が生み出されていきます。このおしゃべりは、今日一日の私にとって、必要不可欠なものではありません。なくてもいいものです。たまたま、そこにおばあさんがいて、おしゃべりしただけですから。その点では、仕事の会議で、時間をかけて入念に準備した必要不可欠な話も、会議が終われば、その後の私の人生にはほとんど関係ありません。むしろ、「私の人生」にとって大切なのは、必要な話か不要な話か、ということではなく、その時々のことばのやりとりを通して「生まれ出る何か」（幸福感のようなもの）を感じられるかどうかであり、人との何気ないおしゃべりの全体こそが、そうした「何か」を与えてくれているように思えるのです。そして、そのようなおしゃべりに包まれた人は、きっと、誰かを思いやり、誰かから思いやってもらう分だけ、生きている安心感に包まれているのではないかと思うのです。

そう考えると、人間が生きる上で大切にすべきことは、部下が上司に報告する説明力や、商品を売るためのセールストークの上手《うま》さなど、「情報共有」を広げるだけのコミュニケーション力ではなく、相手を思い合って、「生きている幸せ」をお互いに生み出し合う「おしゃべり」の力、カンバセーションの力のほうなのではないでしょうか。

先の木本圭子さんの「昭和の思い出」（本書五〇頁）からもそのことが感じられます。同じく、長野県シニア大学に関わっている方（講座の企画運営者）が、次のような思い出を寄せてくださいました。

## おしゃべりの思い出

長野県長寿社会開発センター佐久支部社会活動推進員　太田達也

私は長野県の佐久地方に住んでいますが、今でも、特に高齢者の方々の間では、方言の信州弁（佐久弁）が残っています。自分も知らず知らずのうちに使っていて、思わず笑ってしまいます。そんな、佐久弁の会話です。農耕地帯の澄んだ青空の朝、ご近所同士で交わされる何気ないおしゃべりを想像してみてください。

A（散歩中の農家の人）「おはよう‼」
B（畑仕事をしている農家の人）「おう‼」
A「早くから、えれぇなぁ〜、よくだにぃ！［感心するよ！］」
B「だれぇ〜［そんなことないよ］、朝めし前の一仕事だ！」
A「なに作っているだい！」
B「きゅうりだな！　今年は雨が少なくて、よく育たねえやぁ」
A「そうだな！　うちの野菜もだめだ！　天気はいいだが、ほぉんと、雨降らねぇ。よわったもんだ！」
B「ところで、朝から歩いているんか？　ずくあるにぃ！［やる気があってたいしたものだ！］」
A「そんなことねぇよ！　健康診断でいろいろ言われたしな！　しょうがねぇ、少しだけ歩いているだ」
B「そうかぇ！　えれぇもんだ！　まぁ、頑張っとくんなんし！」
A「はいよ〜、それじゃなぁ〜」

B「は〜い！　またなぁ」

こんな感じです。このような会話は、おそらく地元の一定以上の年齢の方なら、普通に話しています。イントネーションまではわからないでしょうから、機会があったらオンラインで私がしゃべってみます。お聞きください！

こうした日常会話は、AさんBさんにとって、地域でともに暮らしていくための「生活の潤い」になっているのでしょう。しかし、とかく学校教育や仕事の現場では、このようなおしゃべりは「無駄話」と見なされています。型通りに勉強をしてきた人や、型通りに会社勤めをしてきた人の中には、理路整然と首尾一貫した説明は得意でも、おしゃべりが苦手だという人がいます。

例えば、学校教育では、文章の始めから終わりまで論理的に書くこと、それを正しく話すことが重視され、その修得度をテストで評価します（これについて7章では、「認知能力」の観点から述べました）。子どもたちには全員一律にそれが求められ、できる子とできない子がテストによってわかります。実際は、テストの結果の良し悪しにかかわらず、大人になってもしっかり書けない、話せない人が少なくないと思いますが（私もです）、それを一生懸命勉強してきた人の中には、人との会話でも、自分一人で始めから終わりまで、まるで論文を読んでいるかのように話す極端な人がいます。これでは、他の人が会話に入る余地はありません。

以前、次のような場面に居合わせたことがあります。「企業戦士」として会社勤めをし、退職された方が、これからは周囲の人とつき合いを深めたいと、地域の集まりに参加した時のことです。その方は、周りのにぎやかな、とめどないおしゃべりに入ることができず、「会社であれば、話はすべて**目的**があって話し合われる。ここでのおしゃべりの**目的**は何なのか？　はっきりさせてから話してほしい」と、憮然《ぶぜん》とした顔で不満を述べたのです。

「目的」ということばが出たので、あらためて「人生の目的」とは何なのかという視点から、私もここでのおしゃべりの目的というものを考えてみました。もし、家族や仲間や周りの人と幸せだなと思えるような毎日を生きたいというのが「人生の目的」だとすれば、まさに地域の集まりで楽しくおしゃべりする一時《ひととき》はその目的に叶うものでしょう。しかし、そうでない場合、地域の人とのおしゃべりは肌に合わないこともあるでしょう。また、先ほどの「企業戦士」として長年働いてきた方のように、目的を持ったとしても、慣れるまで時間がかかることもあるでしょう。

長野県シニア大学に関わっているもう一人の方（関係機関との調整者）から、次のような作文が寄せられました。この方にとっては、まるで「人生の目的」と「地域の人とのおしゃべり」が一体であるかのようです。

## おしゃべりの思い出

長野県長寿社会開発センター北信支部シニア活動推進コーディネーター　松永静香

私が住んでいるところは長野県飯山市、県北部の中山間地に位置する豪雪地帯です。この辺りは雪深いことから通称「みゆき野」と呼ばれています。

雪は、この「みゆき野」の地にたくさんの恵みをもたらしてくれます。ここは新潟県魚沼と並び、美味しいお米が収穫できるところです。雪によって得られる豊富な水や土壌のおかげです。日照時間（日射量）が多く、昼夜の寒暖差が大きいという好条件もそろって、知る人ぞ知る、お米の名産地になっているのです。

また、この土地のアスパラガスは大変甘いと言われています。これも雪の恵み。冬の間中、雪の中で栄養分を蓄え、じっと春を待って、五月上旬から「待ってました！」と言わんばかりに、太く甘いアスパラガスが地上に顔を出してきます。都会の人たちのみならず、県内の方にも大変好評で、出荷の時期は毎日電話とＦＡＸ、メールの嵐です。

ここまでの話は私の自宅、父母が営む農家の話です。私はこのような食べ物の美味しい自然豊かな土地で育ち、今その土地で子育てをしています。

隣近所も農家が多く、いわゆる田舎と言われているところです。**私はその田舎で、「おばあちゃん子守」で育ったので、お年寄りと話すのが大好きです。というより近所の方と話すのが大好きです。**

私が住む集落は、昔から区長を筆頭にさまざまな役が決められています。区はいくつかの組に分かれ、組ごとに「文化」という役があります。何をするかというと、市報などの広報誌配布や県民共済の申込書配布・集金、等々、月一回のサイクルで組内の一〇軒程度を訪問します。役は一年交代ですが、組の人数が少ないために、数年に一度は回ってきます。私はこの「文化」の役が好きです。なぜかというと、月一回必ず近所の一〇軒を回れるからです。「面倒くさい…」と思う方もいるかもしれませんが、**私はこの配り物を郵便受けに入れるのではなく、家の人に直接手渡します。そこでおしゃべりが始まるのです。**

普通、一〇軒程度なら、一時間もあればすぐに終わるのですが、私が配り物に出かけると、半日はかかります。これは二〇代の頃から二〇数年変わらない私の習性です。**何をしゃべるか？　たわいもない会話です。**「庭のひまわりがきれいだね～」と言えば、「これは種を毎年取ってるんだ、取れたらあげる」とか、「ちーちゃん（私の妹）どうしてる?」とか、「おばぁ元気か?」とか…。

こうして、しょっちゅう話していた私のおしゃべり仲間は、二〇年も経てば、亡くなってしまわれた方もいます。小学生だった子が親になったり、頑丈だった方が介護保険のお世話になり始めたり。**でも、そんなおしゃべりが私は大好きで、「おしゃべりの思い出」と問われたら、近所の人た**

**ちとのそうした交流が私の思い出です。**

もちろん、松永さんのように「人生の目的」がおしゃべりと密接に結びついている方もいれば、そうでない方もいるでしょう。ですから、そうした違いについても、お互いにわかり合うことができれば、人づき合いにおいても、誤解や不満が少なくなるかもしれません。

大学の授業で試みた、こちらの「おしゃべり体験」も、学生たちに、地域の人とのつながり方に変化をもたらしたようです。ある二人の学生は、自身のその変わりぶりに驚いたことをこう書いています。

この授業は私の考え方や行動に、初めて根本的な変化を与えてくれた。まず、積極的に地域の方とコミュニケーションを取るようになった。それまでは、人との会話を避けるため、夜に犬の散歩をしていた私が、今では、朝、大学に行く前にするようになった。**自然にあいさつするようになり、最近は世間話に花を咲かせることも多くなった。**［…］**自分の成長ぶりに驚きを隠せない。**［…］今は自分のコミュニケーション機会を増やすことだけで精一杯だが、**私たち世代にできることはたくさんあると思えるようになり、その可能性を広げていきたいと感じている。**［…］

［…］この授業を選択してから私は変わりました。これまで親がするものだと決めつけていた休日

早朝の**公園草取り活動にも積極的に参加し、今では地域の方から名前を覚えられるまでになりました。**おそらく、生涯学習の授業を受けていなければ、近所の人とあいさつくらいはしても、それ以上のことはしないし、興味もないという状態だったと思います。授業で普段話さない人とグループを作り、話し合うなど、人とつながる体験学習をしたことが、地域の早朝活動という小さな行為とはいえ、私を変化させる要因になったと思います。**このことを自信にして、より大きな単位の社会集団に出た時も、自分らしさを忘れずに、誠実に、人と向き合っていこうと思いました。**

授業で「おしゃべり体験」をした学生は、地域の人と世間話ができるようになっただけではありません。はじめに就活について触れましたが、この「おしゃべり体験」が実際に就活にも応用されたことを、別の学生が次のように書いてくれました。

**この授業で学んだこと、得たことを就職活動に応用することができました。「自分の人生を生きるのは自分自身」というこの授業での最大の学びが、エントリーシートを作成する際や、面接で自己PRしたり受け答えする際に、十分活かされたからです。**私は四年生になってからこの科目を履修しましたが、もっと早く受講していれば、もっと自分の考えや活動を深められたのではないかと少し悔やまれます。しかし、履修するのに早いに越したことはないとしても、この半年、毎回一つひとつの授業のそれぞれに、得がたい学びがあったと実感しています。最終レポートでは仙台市宮城野区の生涯学習の取り組みについて調査しました。この時は、家の近くに市民センターがあることを思い出したので、実際に足を運び、自分の目で施設を見学し、どのような活動を行っているのか調べました。また、この施設で働いている方が近所の人だったので、その方にもお話を伺いました。**自分でもここまで行動できるとは思っていなかったので驚きました。**［…］

この作文にある「自分の人生を生きるのは自分自身」という学びは、私や誰かが理屈で説明し、学生がそれを聞くだけでは体得できないことです。その学びは、学生自身が「自分の考え」を語って誰かから応答を得、「相手の考え」にも耳を傾ける「会話」を通して、自分自身で獲得していったものでしょう。きっと、「会話＝カンバセーション」が「生き方」を教えてくれたのではないかと思います。まさに、カンバセーションのことばの長い歴史を、この学生も体感したように思われます。

話を就活の面接や仕事のビジネス・コミュニケーションに戻すと、それらを指導する方々は、カンバセーション（会話・おしゃべり）はコミュニケーションのごく一部なのだと主張されます。しかし、いずれ、その方々もビジネスの現場を離れ、ビジネス・コミュニケーションは不要になります。結局、介護の現場まで必要になるのは、カンバセーションなのであり、長い人生にとっては、「やっぱり、カンバセーションこそが大切なのだなぁ」となるのではないでしょうか？

# 10 傾聴《けいちょう》に足りないもの――And You?

「傾聴《けいちょう》」ということばを聞いたことがありますか？　人の話にじっくり耳を傾けることです。「傾聴」の講座は、公民館などでもよく行われています。あなた自身は、日頃から傾聴を心がけているでしょうか？

人の思いに耳を傾けることは大切なことです。「どうしたの？」と、困っている人に声をかけ、その人の話を聞いてあげる人がいなければ、その社会は、「人と人がともに助け合って生きる社会」ではありません。

例えば、家族の中で、誰かが困っていたり、悩みごとがあったり、不満を持っていたりするようであれば（表情や態度などからも察して）、必ず、「どうしたの？」と声をかけ、その心の内を聞いてあげることが、家族の役割です。それは、仲間や同僚、子育て施設や学校、地域や介護施設の現場など、あらゆる人間集団に求められる基本的な「暗黙の役割」でしょう。そこで知らないふりをすれば、その集団は「人と人が助け合う」という、人間集団にとっての最も基本的な役割を放棄したに等しいことになります。

社会にはいろいろな問題がありますが、とりわけ家庭内での虐待や暴力は、プライバシーによってなかなか外からはわかりません。それだからこそ、家庭や家族を「最小単位の人間集団モデル」としてそのあり方を学ぶことは、最も重要な学習の一つです。

特に、それをしっかり学ぶ必要があるのは、新たな家庭をこれから作っていく高校生や大学生の世代ではないでしょうか。ところが、現在の学校教育や大学教育の現場は、とかく目先の進路や就職のための教育に比重を置きがちです。就職して社会に出れば、家庭や家族だけでなく、さまざまな人間集団の中で助け合って生きていかねばなりません。将来親になって、子どもを育てる人も多いでしょう。その未来の子どもたちを支えるのは、親だけでなく、社会全体であるべきです。その意味で、家庭や家族を「最小単位の人間集団モデル」としてそのあり方を学ぶことは、次世代の社会のあり方を考える上でも、不可欠な学習だと私は思います。

子育てのみならず、地域福祉・地域医療の現場でも、傾聴が大切だとされています。子育てに悩む親、悩みを抱えている子どもにはもちろん、介護が必要な方や病気に苦しむ方とその家族、そうした方々の声にも耳を傾け、寄り添うことが、ケア（世話）の基本中の基本だとされています。ところが一歩社会に出ると、とかく立場の強い人たちの自己主張ばかりが目立ち、思いをことばでうまく伝えられない人、人とうまくやりとりできない人は、「社会的弱者」として排除されがちです。ビジネスでは、説得力のあるプレゼンテーションや交渉をそつなくこなせる人が、重宝されるという現実もあります。

「お互いに助け合って生きる社会」への第一歩は、困っている人がいたら知らないふりをせず、声をかけ、その人の思いに真摯に耳を傾けることです。「私↓相手」というベクトルで示される「**自己主張社会**」が強くなればなるほど、その中に隠れてしまいがちな「私↑相手」というベクトルで示される「**傾聴社会**」も、同時に求められるべきでしょう。

しかし、そこからさらに一歩踏み込んで考えると、「傾聴」だけでは不十分だということに気づきます。なぜなら、傾聴もまた、自己主張と同様に「一方通行」的なものだからです。

「傾聴」は、心理学のカウンセリングから発展して、一般の人々の間に広がってきた考え方です。カウンセリングの現場では、専門家であるカウンセラーがクライエント（来談者）の相談に応じる形で「傾聴」します。「サービスをする人」がいて「サービスを受ける人」がいるという、この一方通行の「傾聴関係」は、他の多くの専門領域にも当てはまります。病院では専門家である医師が患者を治療する形で「傾聴」します。保育園では保育士が幼児を預かり面倒みる形で「傾聴」します。学校では教師が児童生徒に教える形で「傾聴」します。介護施設では介護士が高齢者を介護する形で「傾聴」

します。

5章で述べたように、現在の私たちの社会は、消費生活をはじめとして一方通行型の関係がますます増えています。「サービスをする側」はストレスと疲れと不満を増大させ、「サービスを受ける側」はクレーム化と思いやりの欠如と受け身の態度で利己主義を増大させています。同じ人間でありながら、「サービスをする側」と「サービスを受ける側」という役割演技が私たちにもたらしている過剰な負担を考えれば、一方通行の関係性ではなく、人と人との本来的な**「相互通行」の関係性**を育むことこそが何よりも重要なのではないでしょうか?

では、こうした一方通行の関係性からくる負担を解消していくにはどうすればいいのでしょうか? それは、平等な相互関係によってくるくると役割が交代していくような「会話」を取り入れることではないかと私は思うのです。例えば、○○の専門家であれ誰であれ、悩みを持つ一人の人間として、また、人から励ましをもらい人から学んで成長していく一人の人間として、その原点に立ち返り、互いの思いに「耳を傾け合う会話」を実践するということです。そして、これを、職業としての「一方通行型専門傾聴」と共存させるのです。

飲食店でアルバイトをしている学生から、「お客さんにことばをかけられて、とてもうれしかった」という話を聞いたことがあります。通常は、店員が「いらっしゃいませ、メニューが決まりましたら、お呼びください」とマニュアル通りの対応をし（これは給仕ロボットでもできます）、お客は決めたメニューを言うだけの繰り返しです。そんな中で、そうした一方通行とは異なる、お客からかけられたちょっとしたことばが、この学生には余程うれしかったのでしょう。

たしか私が中学一年の時、英語の授業で最初に学んだ会話文は、次のようなものだったと記憶しています。今もそうでしょうか?

“Good Morning! How are you?”「おはようございます。お元気ですか?」
“I'm fine, thank you. **And You?**”「はい、元気です。ありがとうございます。**あなたは、いかがですか?**」

その時の英語の先生は、生徒たちにこう語ってくれたように思います。

「『お元気ですか?』とあいさつされたら、自分だけ『元気です』と答えて終わってはだめだよ。相手にも同じように返さなければ、『平等な人と人との会話』にはならないからね」と。

しかし、当時は、“Good Morning!”や“How are you?”といったフレーズを暗記することに頭がいっぱいで、“And You?”に込められた意味、つまり、このことばから「相互通行」の関係性が働き出すということについては、まったく想像すらできませんでした。私は、恥ずかしながら、この歳になってようやく"And You?"のことばかけの意義に気づき、今ここでこうして書いています。

考えてみると、"And You?"に相当することばかけを、私は学校で日本語として習った覚えがありません。そうしたことばかけは、家庭の中で自然に身につくものだとされていたのでしょうか？　教科書が気になったので、調べてみました。

現在の中学一年生の英語の教科書には、前述のあいさつ文が今も最初に載っていました。それに対して、小学校一年生の国語の教科書の最初には、学校の校門で先生が立ってあいさつしている絵とともに、「おはよう」のことばだけが書かれてあり、その次の頁には、教室内での自己紹介の風景の絵とともに、「わたしのなまえは、〇〇です」という文しか書かれていません。一方通行のことばだけです。わが国の国語の教科書には、"And You?"に相当するような、相互関係を互いに作り上げていくことば遣い＝「問いかけことば」は見られません。

英語は、かつてイギリスが世界各地を植民地として支配していたこともあり、世界で最も広く使われていることばです。当時の帝国主義時代、権力者たちは先住の人々の土地を奪い、その生活とコミュニティを破壊するという、非人道的なことを行いましたが（近代日本も似た歴史を持ちます）、新たな開拓地にやって来た入植者たちにとっては、同胞であれ、先住の人であれ、相手がどのような人なのかもわかりません。そうした人たちとゼロから関係を築き、集団生活を送っていかなければならなかったので、相手と相互交流するあいさつとして"And You?"は不可欠だったのでしょうか？　さらにもっと古い時代から、人々にとってはその必要性があったのでしょうか？

一方、日本語は、日本列島の文化圏に住む人々のことばです。基本的には昔からその土地土地に住む定住者同士が自分たちのことば（方言）で会話し、「あうんの呼吸」のようにわかり合えることができたので、いちいち相手に、「あなたは、いかがですか？」（And You？）といった定式的なあいさつを交わす必要もなかったのでしょうか？　その辺りのことは想像するだけです。

いずれにしても、先のアルバイト学生にお客さんがかけてくれたことばは、いわば「**And You？精神**」とでも呼ぶべき「相互通行」の関係性を一瞬だけでも生み出してくれたのでしょう。

人と関わる場面の中で、人生の終盤に訪れる一つが高齢者介護施設内での生活です。以前、介護現場の職員さんたちにアンケート調査をした時、「高齢者の方々も、介護施設に入所する前に、人と関わることについて学び直す機会があるといい」という意見をいただきました。「『サービスの利用者』である私がサービスを受けるのは当たり前！」といった態度を取られて、いい気持ちをしないで働いている介護士さんの姿が浮かび、介護現場の一つの実態を垣間見せられた思いがしました。

現在、高齢者介護施設の現場の職員さんたちは、大変な苦労をされていると思います。職員さんたちの離職率の高さや、なり手不足の問題は以前から聞きます。それは、給料や身体的な苦労だけが理由ではなさそうに思われます。介護現場の方々は毎日献身的に働いています。施設という環境に慣れない高齢者の方が我がままを言うのも当然と、優しくそれを受け入れ、ことばかけをしてくれています。そうした職員さんたちに対して、高齢者の方々も優しいことばを返してくれたら、お互いにどんなに心が癒されることでしょう。しかし、もし、そうでなければ…。「And You？精神」は、現代の高齢者にも求められているのです。

高度経済成長時代にマイホームを造り、親の介護をしたことのない高齢者が、今では若い世代の介護を受ける年齢になっています。世代間にも、**平等な「お互い様の循環関係」**があればいいのでしょうが、現在の高齢者世代は、結果的に、自らその循環バランスを崩してきました。親の介護を経験しないで高齢者になった人は、よくよく自分の世話をしてくれる人への思いやりを持たなければ、次世代から不平等に思われることでしょう。

特に、現在の高齢者世代が働き盛りだった時代は、「自分の自己実現」を追い求めることを、一種の美学モデルとして持てはやす風潮がありました。しかし、少子高齢時代の現在、高齢者の方々には、「自分の自己実現」のためだけでなく、「誰か（次の世代）の自己実現」のためにも、自分の人生時間を使っていただきたいものです。図3（本書五四頁）に示した「二〇四〇年の日本の推計人口状況」を再び見て想像してみてください。今の若者世代が働き盛りの年齢となり、今の働き盛り世代が高齢者世代になっている時代です。しかも、今以上の、超少子高齢時代です。次世代、次々世代の人たちには、平等な世代間循環の中で高齢者になってほしいと願いたいものです。そうした好循環を作り出すためにも、現在の高齢者世代には、「生き方としての模範」を高齢者の「社会的責任」として見せていただく必要があります。

そういう私自身、相手を思いやる心がまだまだ不十分なので、いつか介護施設に入った時に、介護士さんとどんな会話ができるようになれたらいいか、今からイメージ・トレーニングをしておかねばなりません。

介護士さん「松田さん、今日も元気ですか?」

ベットで横になっている私「毎日気遣ってくれてありがとうね。おかげさまで今日も元気だよ。○○さん、あなたはどう?　仕事で疲れていないかい?」

そして、そうした時がやって来るまでは、反対に、身近な人からどれくらい「ありがとう」と言ってもらえる生き方をするか、これが今からの私の生きる目標です。

# 11 どちらもソクラテス

傾聴するだけでなく、相手にもことばをかけ、問いかける「**And You ? 精神**」がよりよい人間関係を築いていく――これについては、寄り添いながら経営を支援する「プロセス・コンサルテーション」という手法を提唱したアメリカの組織心理学者エドガー・H・シャインも説いています。その著書『問いかける技術』（金井壽宏監訳、原賀真紀子訳、英治出版、二〇一四年）の原題は『*Humble Inquiry : The Gentle Art of Asking Instead of Telling*（謙虚な問いかけ――言う代わりに尋ねる優しい技術）』です。この背景には、自己主張と競争の激しいアメリカ社会があります。前章で触れた英語文化の「And You ? 精神」とは裏腹に、シャイン先生はこの書物の中で、現代のアメリカ社会には相手に謙虚に問いかけるという文化が欠如していると述べています。

それは日本も同じかもしれません。実際、「相手に問いかける」という練習は、前章で述べたように、学校教育でもほとんどやった覚えがありません。このことは私だけでなく、私より年配の人も、若い世代の人も、経験したことがないと言います。先に見た国語の小学校学習指導要領にも書いていないので（本書三二頁）、きっとそうなのでしょう。

相手に問いかけ、相手の中にある考え（相手自身が意識していない考えも含めて）を引き出していく独自の「対話術」を生み出した先人がいます。今から約二五〇〇年前に生きた古代ギリシャの哲学者ソクラテスです。ソクラテスは自分の考えを文字に書き残していないので、ソクラテスの考えは主に、弟子のプラトンが書いた対話形式の著作に登場するソクラテスの会話によって知られています（ですから実際にはプラトンの考えかもしれませんが）。その著作の中に、ソクラテスが若いテアイテトスに、自身の「対話術」（問いかけ術）について示唆する場面があります（「テアイテトス」田中美知太郎訳、『プラトン全集二』田中・藤沢令夫監修、岩波書店、一九七四年、一九八頁）。

ソクラテス「おや、それでは、おかしいねえ、君は聞いていないのか、僕の母親のパイナレテは大へん由緒のある厳しいあの産婆のひとりだということを」

テアイテトス「いいえ、そのことなら聞いたことがあります」

ソクラテス「では僕が**この同じ技術の専門家**だということも果たして君の耳に入っているだろうか」

ソクラテスの母親は産婆（今の助産師さん）でしたが、ソクラテスは、母親の胎内から赤ちゃんを引き出す産婆の「技術」と同じようにして、「問いかけ」によって相手の考えを引き出す「技術」（対話術）を産み出しました。この「対話術」は「ソクラテスの産婆術」と呼ばれています。

ソクラテスの父親は石工（彫刻家）で、ソクラテス自身も若い頃父の仕事を手伝ったようです。父母の影響ということからすると、彼は母の産婆の仕事から着想を得て、それを父の石工の仕事のように造形化して「産婆術」を生み出したと言えるかもしれません（ソクラテスの妻の影響はどうだったのでしょうか？　さらに想像は膨らみます）。

教育を意味する英語「エデュケーション」（education）の語源については、似ていますが二つの意味の異なるラテン語の動詞が、教育論で論じられています。一つの語は、「食物を与え養い育てる」という意味のeducāre、もう一つの語は、「外へ引き出す」という意味のeducēreです。実際、親は子どもに食卓で「栄養を与える」ことで、子どもを成長させてくれます。と同時に、親は子どもに「問いかける」会話をすることで、子どもの自発性を外へと引き出してくれます。6章で見てきたように、もともと、食事と会話は一体としてあったのであり、「教育」の原点もそこに見出されるべきではないでしょうか。教師の本来の役割もそうなのでしょう（知識という「栄養を与える」ことと「問いかけて引き出す」ことを一体的に行う、という役割）。

自分を引き出してくれる「人との関わり」について、私はこの「ソクラテスの産婆術」から再確認したことを『関係性はもう一つの世界をつくり出す』（新評論、二〇〇九年、一二三－一二六頁）という本の中にまとめました。しかし、その段階ではまだ、「どちらか一方がソクラテスの役割をする」というー方通行のイメージからもやもやと抜け出せずにいました。

その後、「平等な会話＝等話」という「会話術」を考えついたのは、ソクラテスの「産婆術」（対話術・問いかけ術）がどんなに意義あるものだとしても、そこには「問いかける人」と「問いかけられる人」の役割の固定化、つまり、例の「一方通行」の問題が存在していることに気づいたからです。そこで、どちらも相互にソクラテス役になり合う会話、つまり「**お互いに問いかけ合う会話術**」という考えがひらめいたのです。そして、「お互いに問いかけ合う」この「会話術」は、何も難しいことではなく、日頃、誰もがおしゃべりを通じて行っていることを発見したのです！

詩的な文体の思想書『我と汝』（一九二三年）で知られるユダヤ人哲学者マルティン・ブーバーは、その著書『対話』（一九三〇年）の中で、対話には三種類のタイプがあると論じています（『我と汝・対話』田口義弘訳、みすず書房、一九八〇年、二二〇頁）。

一つ目は、真の対話。
二つ目は、実務的な対話。
三つ目は、対話的に偽装されている独白。

二つ目の「実務的な対話」とは、事務的な連絡調整や伝達・確認などのことです。知識やノウハウを教え伝えるだけの講習会なども、この範疇に入るでしょう。

三つ目の「対話的に偽装されている独白」とは、たとえどんなに立派な話し合いの席だとしても、それぞれが銘々自分のことしか話していない状態などのことを指します。

では、一つ目に挙げられた「真の対話」とは、どのような対話なのでしょうか？ ブーバーは、「真の対話」について、「相手と自分のあいだに**生きた相互性がうち立てられること**を志向しつつ、相手に向かいあう」行為である、と述べています。私は、その「相互性」をうち立てるものこそ、「問いかけ合い」ではないかと考えます。「問いかけ合い」は、誰もが、食卓でも、散歩の道すがらでも、職場でも、病院のベッドの上でも、どこででも実践できる「会話の技術」（会話術）です。

先のソクラテスの対話に「技術」ということばが出てきます。技術を意味する英語「テクニック」（technique）の語源である古代ギリシャ語の「テクネー」（tekhne）という語は、「体育術・医術」といった身体技術、「建築術・農業術」といったモノづくり技術、「政治術」といった社会を治める技術、そして「善く生きるための技術」といった「魂の世話（ケア）」に関わる技術まで、実に広く用いられていたと言います。

古代ギリシャの人々は、自分と自分を取り巻く世界のすべてに具体的に関わるための方法を、「技術」ということばでとらえていたようです。そのような意味では、私が「等話の心がけ」（本書六頁）

として提起した、一人ひとりがその場その場で用いる会話の方法も、平等な会話のための「技術」、いわば「**等話の会話術**」と呼べるのかもしれません。

現在は、とかく「技術」というと、簡単にマニュアル（手引き）通りに利用できる便利なものをイメージしがちですが、ソクラテスの「産婆術」がそうでないことは容易に察せられるでしょう。「等話の会話術」も、マニュアルのない、人と人とのその場その場の出会いから生まれる「一期一会の会話」の技術、しかも、お互いがお互いによって生き生きとなる技術であると、私はとらえています。

「一期一会」ということばは、千利休の茶道に由来すると言われていますが、利休が亡くなってから約四、五〇年後、この「人と人との一度限りの出会い」の技術を剣術に応用し、自分の生死を賭けた実体験（剣の戦い）をもとにしてまとめられた日本の兵法書があります。柳生宗矩《やぎゅうむねのり》の『兵法家伝書』（一六三二年）と宮本武蔵の『五輪書《ごりんのしょ》』（一六四三－四五年）です（どちらも現代語訳で読むことができます（本書二三二－二三四頁））。そこに書かれている剣術の内容も、現代風の技術のマニュアル本ではありません。一方で、この二つの書は、西洋哲学のように、論理的に体系化された思想書でもありません。

この二つの書が教えるのは、技術というものは始めから「そこにある」（定められている）ものではなく、また論理だけで身につくものでもなく、「人と人との一度限りの出会い」による実体験（剣の戦い）の積み重ねから得られるものだということです。積み重ねてきた実体験をふり返り、普遍的なものに昇華させようとする態度こそが、ここでは重要視されるのです。剣の戦いは、一方が攻め、一方が防ぐというような、役割が固定化された「一方通行」ではありません。つねにその瞬間瞬間の状況に応じて、めまぐるしく互いに攻防を繰り返す、「**相互通行**」による筋書きなしの真剣勝負です。剣術とはその戦いのための「技術」です。

「等話の会話術」の場合は、相手を論破する戦いではありませんが、「相互通行」という点ではまったく同じです。剣術がどちらかを倒すための「相互通行」だとすると、「等話の会話術」はどちらもより生かし合うための「相互通行」です。私が学生に示した「等話の心がけ」は、現在一般的に使われる意味での「技術」(テクニック)ではなく、「相互通行」によるそうした「問いかけ術」として提起したものです。学生が書いてくれた次の作文にある「テクニック」ということばも、同じ意味合いで使ってくれたことでしょう。

---

　これまでの私の学びはつねに受け身のものだったが、生涯学習論を受講することによって、**自分から積極的に学んでいくスタイルへと変わった**。これを自分のものにしていくためには、**会話やことばの交わし合い**が大事だということを知った。授業で行う「会話の実践」だけでなく、さまざまな日常活動の場でも、**人を選ばず接し合える会話の大切さを学んだ**。先日参加した地域の清掃活動でも、周りの人と元気よくあいさつを交わし、話をし、自分から何かを問いかけるなど、**これまで**

**の私では考えられないほどの成長ぶりである。**面識のない人と交流するのはいまだに苦手だが、そうした思い込みをできるだけ取り払い、**授業で学んだ会話のテクニック**〔問いかけ術〕**を使っていけば、**そうした苦手意識もなくなっていくだろう。また、社会人の方々との交流授業〔本書7章〕や地域活動を通じて実感できたように、若者たちが幅広い年齢層とつながれば、地域社会もより活性化して、そこからより多くのアイデアが生み出されていくだろうし、ひいては人づくりや地域づくりのための社会教育もより活発になっていくだろう。そのためには、私たち若者たちの「柔軟な発想」を活かした「きっかけづくり」が重要になってくると思われる。**すべては私たちの行動次第である。それを学んだのが今回の生涯学習論であった。**

お互いに問いかけを深め合う「会話のテクニック」（等話の会話術）の実践・体験が、この学生に、「これまでの私では考えられないほどの成長」をもたらしてくれたのでしょう。

西洋哲学の歴史では、プラトン以後、プラトンが遺したような対話形式による思想表現はまず見られません。すべて一人の思想家が、自分の考えを「論理的に体系化して書く」という形式です。私たちはそれが当たり前と思っています。

私は学生時代、文庫本で初めてプラトンの対話篇を読みました。その時、「なんて読みづらいのだろう」と思いました。その後も、「小説でもあるまいし、こうしたまどろっこしい会話形式の作品をどうして書いたのか。後世の哲学者のように、自分の考えを自分のことばで整理して書いてくれていたら、どんなに理解しやすかっただろう」と、ずっと思っていました。

しかし、今あらためてこの対話篇を日常生活にも照らしながら読むと、人は人との会話（問いかけ合い）から実に多くの学びを得ているのだということに気づきます。私たちはそれを意識しなくても、何気ない日常の誰かとの会話によって、何かを感じ、体得し、学んでいるのです。決して、誰か一人が作り出した堅牢な論理体系だけから学びを得ているわけではありません。

プラトンはあの膨大な会話形式で何を示してくれたのでしょう？　私はこの書物から、「人との会話から学ぶ意義」を学びました。プラトンが著わしたソクラテスの「産婆術」について、以前、別の科目の授業で話したことがあります。その時、一人の学生が、「私もソクラテスやプラトンと会話してみたい」とコメントしました。実際に会話することは叶いませんが、本の中で彼らと会話をするつもりで、自分の考えを深め、目の前の人たちとの会話に活かしていくことはできるのです。

# 12

## 何を問いかければいいの?

私は、「平等な会話=等話」の実践を、大学の授業だけでなく、さまざまな生涯学習の講座でも試みています。その時には必ず、「会話のボールを相手に渡しましょう。手渡す際はあなたの話の最後に、相手への『問いかけ』のことばを入れましょう」と提案します。すると、「何を問いかけたらいいかわからない」と言われる場合もあります。

そう言う私自身、実は、相手に何を問いかけたらいいか、すぐに出てこないことがたくさんあります。相手の話を中途半端に聞いていたためなのか、問いかけるだけの何かが足りなかったためなのかと反省もします。また、相手からの問いかけに対しても、相手の思いや考えを汲み取れずに答えてしまうこともあります。

しかし、「問いかけことば」の学習は、先に述べたように、日本の学校教育でも意識的になされてきたことはないように思われますので、気にすることはありません（本書10章）。自然体で「問いかけ」ができるよう心がけることが、より大切なのですから。

何を問いかければいいのか、「問いかける中身」について私なりに考えてみました。その結果、私の場合は、次の五つの視点に整理することができました（それぞれの人がその人なりに整理してみて出てきたものが、その人にとっての「問いかける中身」になるのではないかと思います）。

①相手に確かめる

はたして自分が今話している内容は、相手にどのような印象を与えているのか、相手に不快な思いをさせてはいまいか。そういう不安に陥る時が私にはよくあります。あなたは、どうでしょうか？

もし、私が話しっぱなしで会話を終えれば、相手の気持ちをとらえられず、不安ばかりが残ってしまいます。ですから、不安に感じた時には、「どうでしょうか？」と相手に問いかけるようにしています。「このような話でよかったでしょうか？」とか「私の話で気になることはありましたか？」など、相手に確かめる気持ちを込めたことばかけによって話の流れを修正しながら、私も相手もどちらもよかったと思えるような会話ができたらいいなと思っています。

## ②相手を案ずる

この「問いかけ」は、「お元気ですか？」「どうしたの？」「何か悩みがありますか？」といったものです。相手を案じ、相手の身になって考え、相手と一緒に喜び、悲しむこと。そういう気持ちを込めたことばかけほど、相手にとって最もありがたく感じるものはないでしょう。私が相手ならそうです。しかし一方で、自分本意な私は、相手を案じることばかけはまだまだ足りません（本書八一頁）。また、そういう気持ちはあっても、ことばかけがすぐに出てこない時もあります。

自然に出せるようになるには、やはり日頃からの、相手を思う「問いかけ合い」が大切なのだと思っています。

## ③相手に助けてもらう

反対に、私が相手から助けてもらう時の「問いかけ」もあります。「困っているのですが、相談に乗ってもらえませんか？」「わからないことがあるので、教えてもらえませんか？」と、自分の心を開いて、相手に助けを求め、相手の力を借りることができる人は、一人で悩まず、独りよがりにならず、つねに自分を確かめ、時には改めながら、謙虚に自分を伸ばせるようになるのではないでしょうか。また、助けてもらった経験をした人は、助けてくれた相手から、人を助けるとはどういうことかを、学ぶことができるのではないでしょうか。

人は一人では生きていけません。たくさんの誰かが支えてくれていることで私は生きています。そういう当たり前のことを当たり前のこととして人と分かち合えれば、相手に尋ねたいこと、相手から教えてもらいたいことを、素直にことばにできるようになるのではないかと思っています（その気づきが、自分も誰かを支えよう、誰かのためになろうという気持ちをも育んでくれると思うのです）。

### ④相手に提案する

「〜してはどうでしょうか？」「〜してみませんか？」と、相手に何か具体的な提案をしたり、アイデアを出したりする時の「問いかけ」は、私にとって最も創造的で醍醐味のある問いかけです。身近なことから社会全体に関わることまで、私たちの営みは、つねに誰かの提案やアイデアによって、改善されたり革新されたりしています。また、どんな薬にも副作用があるように、どんな改善や革新にも、つねに何らかの「新たな問題」が生じてくるものです。ですから、よりよい提案・アイデアを生み出していくためには、いろいろな視点（多視点）から問いかけを行い、さまざまな可能性（効果や問題点など）を想定しながら具体的な形を描いていきます。

「ひょうたんから駒」のように、思わぬところからアイデアが生まれた、という経験をした方もいるでしょう（私にもよくあります）。提案・アイデアは、その人がどれくらい四方八方から考え続け、こつこつと具体化していく努力をしたかに現れてくるように思います。それでも形にならない時は、私の場合、「提案する相手に対して、まだまだ親身さが足りないのだ」と自分に言い聞かせています。

提案・アイデアの「良し悪し」は、人によって評価が異なるでしょう。また、現世代の人から良いとされても、次世代の人からは良くないと評価されることもありますし、その逆もあります。ですから、ここでも、多様な人との息の長い「問いかけ合い」が大切になるのではないかと思っています。

### ⑤一緒に思う

「今、ここ」に一緒にいることから自然に出てくる「問いかけ」もあるでしょう。

「今日は気持ちのいい天気ですねえ」「花がきれいですねえ」「暑くてマスクが苦しいですねえ」。これも一つの問いかけであり、「今、ここ」の人生を一緒に過ごしていることの何気ない共有意識が、ふっとことばに現れ出たものです。何かを問いかけなければ…、と頭で考える必要などなく、今この時間、この場にいる感情を素直にことばで共有するだけでいいのです。本来、時候の挨拶には、そのような思いが込められているのではないでしょうか。お互いが「ともにいる土俵」を確かめ合った後には、安心して会話に花を咲かせていくことができるものです。私たちは、何気ない日頃のおしゃべりを、このようにして始めています。

また、気の置けない人となら、話しことばをかけなくても、その場に一緒にいるだけで気と気が通じ合い（「気のことば」の「問いかけ合い」）、お互いに幸せな気持ちを分かち合えることでしょう。

以上が、私が考える「問いかける中身」の五つの視点です。

いずれにおいても、相手にどのようなことばをかければいいのか、どのようなことばで問いかければいいのか、すっと出てくるそのことばこそが（すっと出ない時の「無言のことば」も含めて）、おそらく、その時の自分の人格、人柄そのものの現れなのだと私は考えます（本書九一頁）。

相手からの何気ないことばかけ、問いかけ。あなたにはどんな心地よい思い出がありますか？　ここに一つ、大正生まれの方の手紙文を紹介します。かつて、駄菓子屋の思い出について書いてくださった方のものです（前掲『駄菓子屋楽校』二〇〇二年版、一一四－一一五頁）。

私の子供時代は、大正一二年頃の前後になりますので、随分前のことになります。私宅付近には、駄菓子屋はなく、四〇〇ｍくらい離れた隣村にありました。村が違うので、小学校は違うことになり、草屋根の店でいわゆる一銭店《いっせんみせ》。親から貰《もら》う、なけなしの二銭くらい持って、ここの方言で「買うー」。これが挨拶で、出てくるのは何時《いっ》もの婆《ばあ》ちゃん。「ナンダー」と言われるが、一番安い黒砂糖飴より他にない。

硝子蓋《ガラスぶた》の萬《よろず》箱には、豆ネジリ、うば玉、ハッカ飴等飾られているが、案外値段が高いので結局、黒ダマになる。「ナンボガナダ」［何銭分欲しいのか］と言うので、「二銭ガナ」［二銭分］と答え、現在と違ってビニール等はなく、古雑誌をはがして作ったような三角袋に入れてくれる。もう口の中は飴待ちで食べたい気持ち。婆ちゃんは**「落とすなよー、気付《きいつ》けてナー」**。言葉を聞き横をみるとラムネ、トコロテン等があって美味いものばかり。

一日散帰って妹と二人分けて食べるのが普通で、母が「ナニ買ってきた」とかならず聞く。いやーなんとうまいこと、この飴玉が私共の最高の嗜好物。なんせ当時は不況時代とて上等な菓子等は食べられないと思っているので、一番安価な飴は長時間保ちますが、尚《なお》持続させたいのが私の子供頃でした。**今思い出すと、あの婆ちゃんの一言が、なんとも言えぬ優しく心のこもった私に慈愛と注意をしてくれたと思っています。**〔…〕

（山形市鈴川郷土史研究会、佐藤一さん、大正五年生まれ）

# 13 未来の共話国へ

「花咲かじいさん」や「舌切り雀」などの昔話には、親切なおじいさん・優しいおばあさんと、欲張りじいさん・意地悪ばあさんとの対比がよく出てきます。どうしてなのでしょうか？　世界各地の昔話は、どうなのでしょう？

昔話は、学校のない時代から、代々、世の子どもたちに親や祖父母など身近な大人が語り聞かせてきたものです。こういう態度の人はよくない、こういう行いをする人になりなさいと、人間のあり方を善悪二元論でわかりやすく描くことで、子どもたちに人としてのあり方の「善し悪し」を身につけさせようとしてきたのでしょうか。

「善し悪し」というのは、誰にとっても了解できる普遍的な中身が基本だと思いますが、人によって、国によって、また時代によって、何が善で何が悪かは異なる部分もあるでしょう。ですから単純な善悪二元論には賛成できませんが、昔話に出てくる「悪者」は、大抵どこか愛嬌《あいきょう》があるように描かれています。どこかに滑稽《こっけい》さを残すことで、子どもたちにも安心して人の生き方を学んでほしいという思いを込めつつ、悪人もいつかは善人になってほしいという願いを伝えようとしたのでしょうか。

いずれにしても、昔話に出てくる人物モデルが、若者や親世代ではなく、人生の終盤の姿をした、おじいさん・おばあさんであることがミソです。人の心の有り様《よう》と生き様《ざま》は人生の終盤に出てくると言われますが、子どもに「人としての生き方」を教えるには、やはり、おじいさん・おばあさんこそがベストキャストなのでしょう。

私たちの身近にいる高齢者を見渡すと、この種の昔話が思い浮かんできます。私には、現代の高齢者人口の増大以上に気になっているのが、個々の高齢者の心のあり方です。現代の高齢者の方々は、昔話で言えばどちらのタイプに属するか、そういう素朴な問いがよぎります。欲張りで意地悪な高齢者ばかりでは、それこそ10章で触れたように、介護する側の若者世代にとって苦痛な社会となるからです。

まだ高齢者になっていない人も含め、あなた自身はどうでしょうか？　親切で優しいか、欲張りで意地悪かと問われたら、どちらのタイプだと思いますか？

たいていの人は（私もですが）、自分の存在をなにがしか肯定的にとらえて生きています。そうでないと、滅入ってばかりの人生になりそうですから。しかし、そういう自己肯定感は大切にすべきだとしても、案外他人の目には、自分が思っているほど、よくは映っていないととらえるほうが調度いいかもしれません。そういう意味で、親切で優しいおじいさん・おばあさんと、欲張りな意地悪じいさん・ばあさんという性格モデルは、子どもだけでなく、昔話を語り聞かせる大人にも、「人としての生き方」をあらためて考えさせてくれる教材になると言えそうです。

これらの昔話に出てくるこの二つの性格モデルは、人のためになろうとする「利他的な心」と、自分のことばかり考えようとする「利己的な心」を、くっきりと描写しているところがさらなるミソです。昔話には、子どもに「利他的な心」を育んでほしいという願いが込められています（もちろん、それは大人にも求められますが）。では、「利他的な心を育む」にはどうすればいいのでしょうか？　それは、最も平易に言えば、幼い子に言い聞かせるように、「仲よくすること」ではないかと私は思います。

一般に、大人が幼い子に「○○ちゃんと、仲よくしてね」と言う場合、言われたその子はそれをどのような行動によって学ぶでしょうか？

例えば、ここにお菓子が一個あったとします。それをその子が独り占めして自分ばかり食べれば、相手の子は「私も食べたい」「私にもちょうだい」「どうして私にはくれないの」と、不満な反応を表します。少ししかあげないと、「どうして私にはこれしかくれないの」と言って、再び不満な反応を示します。そこで今度は、ちょうど半分ずつにします。つまり「分けっこ」（分かち合い）です。すると、相手が満足するのを見たその子は、「私も食べたいけど、○○ちゃんも食べたいのだから、半分ずつ分けっこすればいい」ということを悟り、「どちらもお互いに笑顔になれる関係を作ることが

『仲よくする』ことなのだ」ということを体験から学びます。

ことばではまだ説明できなくても、幼い子はこうした体験を通じて、満足・不満足、快・不快、利他・利己の感情や感覚をちゃんと身につけていきます。その後成長して、話しことばで人と関係を作れるようになると、その感情・感覚は会話を通じてとらえることができるようになります。

「快い」と思った会話を思い出してみてください。その時、相手はどうだったでしょうか？　相手も笑顔で本当に楽しかったとすれば、それは相手にとっても「快い会話」だったことになります。『日本国語大辞典　第二版』（小学館、二〇〇三年）で「かいわ」を調べると、「会話」のほかに、「快話」ということばも載っていました。「愉快に談話すること。また、その談話」とありました。お互いに「快い」と感じる会話は、まさに「快話」なのでしょう。それは幼い子同士がお菓子を分けっこして仲よく食べる状況と同じです。

これに対して、相手は快でも私は不快、あるいは相手は不快でも私は快、という会話を経験することもあります。お互い、そのことに気づいていない場合もあれば、あとになってから気づく場合もあります。また、相手も私も不快を感じる会話というのは、どちらも不快な顔をしているのですぐにわかります。そうなると苦痛に苛《さいな》まれたり、敵意を抱いたりすることもあるでしょうし、「不快指数」が高まれば、暴力に発展することもあり得るでしょう。この状態から抜け出したければ、お互いに不快の原因について向き合い、快の方向へ歩み寄っていかねばなりません。

突きつめていけば、家庭内暴力も、学校や職場でのいじめも、はたまた地域紛争も国際紛争も、規模と程度の差はあれ、問題の原因はすべて人間関係から生じる不快の感情・感覚であり、それは会話から生じる不快の感情・感覚に集約できるのではないでしょうか。そして、それを快に変えていくのもまた、人間関係であり、会話なのではないかと私は思います。

現代科学の世界では、人の思いをうまく汲み取れないのはコミュニケーション障害といった一種の病気であり、その原因は他者を思いやるオキシトシン（「幸せホルモン」とも言われています）というホルモン物質の不足による場合もあると言われているそうです。周囲に不快な思いをたくさんさせてきたかもしれない私には、少し気になる科学的知見です。もしかすると、医者にかかればオキシトシンの量が少し足りないと診断されて、治療薬や食事療法をすすめられるかもしれません。しかし、毎日人とともに生きている私たちには、その前に試しておきたい「療法」があります。「愉快に談話すること」、すなわち「**快話療法**」です。

相手を思いやる会話が少ない家庭に育った子どもは、どのような会話が相手に快・不快を与えるのか、わからずに育つでしょう。しかし、たとえそのような家庭に育ったとしても、周囲の誰かが「快話」の見本を示し、受け取った子どもがその心地よさを体験すれば、相手を思いやり、互いに快くなる会話を学ぶことができます。それはどんなサプリメントよりも効果を発揮してくれるだろうと私は思います。先ほどのお菓子の「分けっこ体験」と同じように、私たちは「快話」の体験を積む（鍛錬する）ことで、「人とともに生きることを喜び合える生き方」を日々学び直すことができるのです。「快話」が「共に生きること」を実感させてくれるなら、その快話は「共話」と呼ぶこともできるでしょう。また、「協力し合って生きること」を実感させてくれるなら、その快話は「協話」と呼ぶこともできるでしょうし、「お互いの思いが響き合うこと」を実感させてくれるなら、その快話は「響話」と呼ぶこともできるでしょう。

昔話から「人としての生き方」を学び、それを具体化する行動として、相手を思いやる会話から「人とともに生きる生き方」を学ぶこと。そのような豊かな学びを未来世代の人たちにつないでいくことが、私たち大人に求められているのではないでしょうか。

ここで話を終えると、「あなたは、なにやら情緒的な呼びかけだけをしているのではないか？　ただの道徳論ではないのか？」と言われそうです。たしかに、「利他的な心」が大切であることは誰にでもわかりますし、問題は、その大切さをどのようにすれば皆で共有し、地域や社会をよくしていけるかにあるのでしょうから。実は、私がここで提起したいのは、相手の思いを汲み取り、相手を思いやる会話や問いかけを通して「他者や地域や社会の問題に気づき」、その解決に向かって誰かと一緒に協力しながら「新たな活動を生み出してみませんか？」という創造的な人間活動への提案でもあるのです。少し長くなりますが、私の体験をもとに、そうした会話や問いかけをきっかけに生まれた、東北からの新しい活動を一つ紹介します。

**66将棋**《ろくろくしょうぎ》（この名称で商標登録しています）の考案・開発、そしてそれをまちづくりにつなげるさまざまな展開の事例です。あなたは将棋をするでしょうか？

通常の将棋は九×九の計八一のマスの盤で対局しますが、66将棋はそれをぐっと縮小して、六×六の計三六マスの盤で楽しめるようにしたミニ将棋です（図15）。駒の動かし方などは本将棋と同じで、玉を取ったほうが勝ちとなります。盤を小さくした分、駒数も少なくしました。金や銀など同じ駒が

図15　本将棋と66将棋の配置

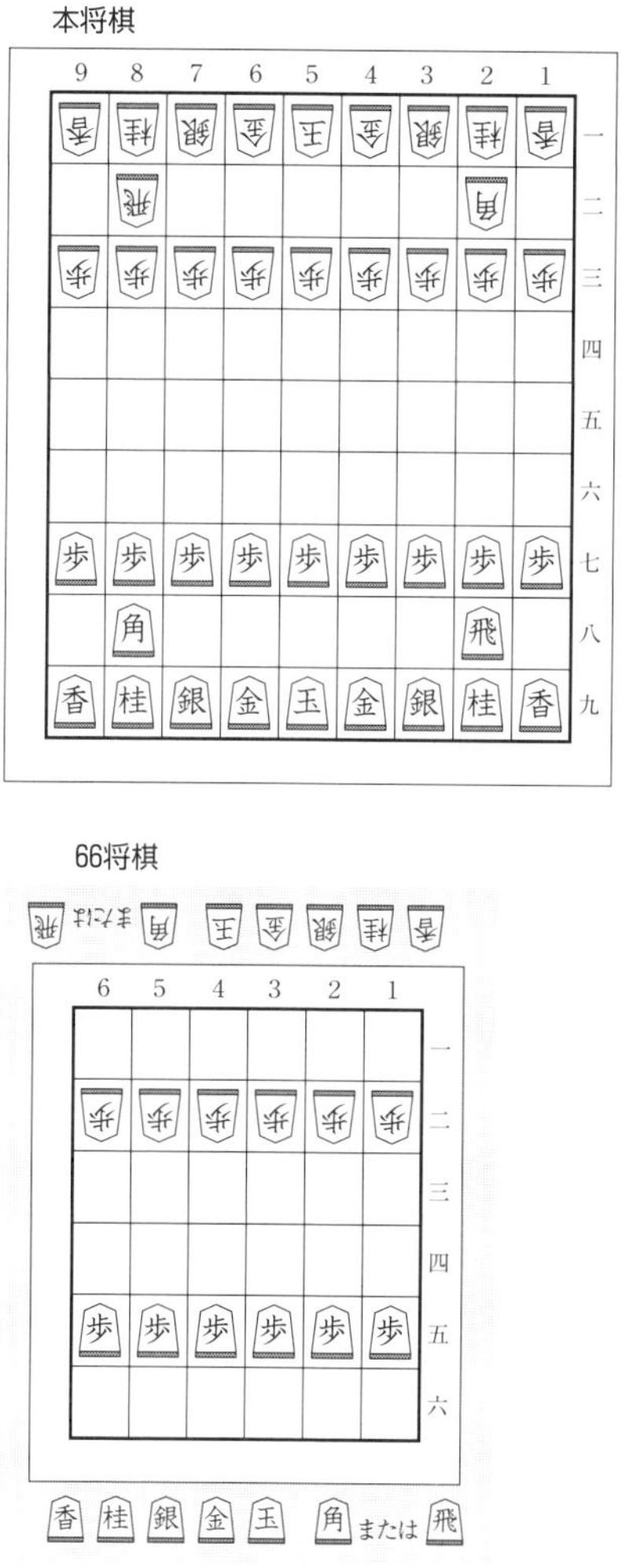

二つずつあるものは一つずつに、また飛と角は双方どちらか一つのみを選ぶことにし、それぞれ一二駒によるユニークな対局にしたのです。

本将棋と比べて小さくした分、短時間で決着するので、昼休みなどでも楽しめます。しかし、単純そうに見えますが、配置パターンは二〇七万三六〇〇通りもあります。ルールは、まず自陣二列目に六枚の歩だけを並べ、他の六駒のいずれかを自陣一列目に交互に配置し合うところから始めます。この基本ルールによって、一気に奥の深い、変化に富んだスピード感あふれる将棋が生まれました。スピードスケートで言えばショートトラック競技、サッカーで言えばフットサルのようなゲームができ上がったのです。

この66将棋こそ、ある方との会話、その方への問いかけをきっかけに生まれたものなのです。私は、将棋は素人ですが。

その問いかけとは、「将棋の駒を作る職人が増えるにはどうしたらいいか」というものです。二〇一八年のことです。この時私は、将棋の駒の産地・山形県天童市の天童商工会議所が主催する「賑わい創出プロジェクト委員会」のコーディネーター役を務めていました。この問いかけを行うに至った会話を次に再現してみます。私が話をした相手の方は、天童商工会議所で将棋駒の普及と観光振興を担当されている大内久幸総務係長さんです。

松田「将棋の駒の産地だから、職人の方はたくさんいらっしゃるんでしょうね？」
大内「産地といっても**駒を作る職人は高齢化して、若い人で駒職人になろうという人がなかなかいないので、困っているんです。**後継者がいなければ、いつか駒の産地でなくなる可能性もあります」
松田「どうして、職人のなり手がいないのですか？　もったいないことですねえ」
大内「天童は『将棋のまち』として全国的に知られてはいますが、実際に駒を買って将棋をする人が年々少なくなっているからですよ」
松田「どうして、将棋をする人が少なくなっているのですか？」
大内「やっぱり、時間がかかるからじゃないですか。一局するのに最低一時間はかかりますからねえ。そんな暇はないという人が増えたんでしょう」
松田「たしかに、忙しい現代人には、その時間は長いですね。じゃあ、短時間でできる将棋があればどうですか？」
大内「動物将棋などのミニ将棋はあるんですけど、本将棋に結びつかないという意見もあるんですよね。それに、単純なので、本将棋に比べたら面白くないです。あくまで、駒の産地としては本将棋の駒を使う将棋が盛んにならないと…」
松田「なるほど。では、**本将棋の駒を使って、短時間で面白い将棋ができればいいわけか…**」
大内「そうなんですよね」

ご多分にもれず、将棋のまち・天童市の地域課題は、駒づくりの「後継者問題」ということになります。どこでもそうでしょうが、こうした地域課題へのアイデアは、右のような会話のやりとりによって、試行錯誤しながら浮かび上がってくるものです。そのような会話のやりとりを、前述（本書11章）のプラトン対話篇のようにすべて書き記していったら、『プラトン全集』以上の膨大な量になることでしょう。

66将棋のアイデアをあれこれ試みるきっかけになった最初の問いかけ（「将棋の駒を作る職人が増えるにはどうしたらいいか」）は、大内さんをはじめ地元の人たちとのこうした会話のやりとりから生まれたものです。そして、66将棋の基となる問いかけ（「本将棋の駒を使って、短時間で面白い将棋は作れるか」）は、私が一人で自分に問いかけ、自分で定めたものです。その「自分への問いかけ」に66将棋という具体的な形で返答できたのは、それから約三ヶ月後のことです。その後も会話のやりとりは続き、「問いかける会話」は「問いかけ合う会話」へと変容していきました。大内さんや地元の人たちとの「問いかけ合う会話」は、その後も続いています。

一般に、ビジネスとしての仕事は、対価としてお金を出してくれる依頼者からの、「この費用で〜してくれませんか」（または、「〜をいくらでしてくれますか」）という要望（＝問いかけ）に応える形で行われます。しかし、世の中、そのような明確な「契約関係」に基づく問いかけばかりで成り立っているわけではありません。声なき声に耳を傾け、そこから自分が取り組むべき（または自分が取

写真１　第１回さくらんぼ66将棋大会（2019年６月６日、天童市・王将果樹園）。
新型コロナ感染予防のため、残念ながら2020年度は開催できませんでした。

り組みたい）問いかけづくりを自発的に行っている人たちもいます。例えば、ボランティア、社会起業家、非営利組織（NPO）・非政府組織（NGO）に携わっている人たちがそうです。会話を通じて問いかけの中身を自分で見つけ出し、その答えをまずは自分で探ろうとする行為は、「創造的な人間活動」の基本ではないかと私は思っています。

その後、66将棋は、天童商工会議所が進める「将棋のまちづくり『コマノミクス』事業」の中核として、ユニークな展開を広げています。ご当地柄を描いた将棋駒（紅花色の駒や、あやめ模様の駒など）＋彩り豊かな66将棋盤、東日本大震災復興事業の際に出た間伐材で作った復興66将棋盤、66将棋盤の紙箱に入った将棋駒チョコレート、カフェテーブルにもなる大きな66将棋盤…。こうした多彩な商品・作品の製作だけでなく、地元さくらんぼ果樹園での66将棋大会（写真1）や、新型コロナで学校が一斉休校になった時には、66将棋の児童館への寄贈、66将棋のアプリ開発（ゲーム開発者との連携）、オンラインでの地域交流対局といった企画など、多方面での活動が活発に展開されています（今もたくさんのアイデアが出されています）。

名人戦はじめ、さまざまな様式が確立されている本将棋とは異なり、天童発66将棋は、このように将棋以外の要素と自由に組み合わせることで、今ではいろいろな波及効果を生み出す「地域版プラットフォーム」的な役割も果たしています。ここでもまた、先の大内さんとの会話のような、楽しく問いかけ合う「快話」が地元の人たちによってなされています。人と人との「創造的な会話」は、人と人との「創造的な活動」を生み出しているのです。

現在の本将棋は、約四〇〇年前、徳川家康が保護したことによって確立しました。天童市の将棋駒づくりの始まりは、幕末期、生活に困窮した武士の内職として、当時の若き家老（吉田大八）によって奨励されたことに拠るそうです。また、もともと日本の将棋や西洋のチェスは、古代インドのチャトランガというゲームがその起源だと言われています。天童市には駅に併設された将棋資料館があり、そこには天童の将棋駒の歴史とともに、チャトランガの模型も展示されています。66将棋へと発想がなかなか広がらなかった頃、この資料館を見学し、チャトランガの模型を見た時、現在の本将棋の様式にとらわれることはないんだと、強いインスピレーションを得ました。

何ごとも、今の状況だけにとらわれず、自分の人生時間を超える視野から物事を見つめてみようと試みると、そこから始まる「問いかけ合う創造的な会話」も、さらに息の長い活動へと結びついていくのではないでしょうか。

本章の前半で述べた「昔話の教え」や「幼い子のお菓子の分けっこ」、そして今紹介した「66将棋の展開」、一見すると、何のつながりもなさそうに見えます。しかし、それぞれが浮かび上がらせてくれるのは、まさに、人とともに生き、ともに活動を生み出していくための、「技術」（本書11章）としての「平等な会話＝等話」の重要性です。「等話」から生み出されるそのような遍在的な光景は、私やあなたの身のまわりの世界（町や地域）にも同じようにあるはずです。あちらこちらで発せられる多彩な「等話」の集合が、お互いを思いやる関係性を育み、さまざまな課題に協力し合う「等話の環境」を作り出していく――そうした「**等話の環境づくり**」自体が、皆にとって、「快い社会」へ向かっていくための大事なプロセスになるのではないかと、私は考えています。

そのような「等話の環境」を皆で作り上げていく社会が、私が夢見る「**未来の共話国**」です。

# 14 会議が変われば社会が変わる

人間の社会は、大小たくさんの集団で構成されています。集団が組織化されていれば、自治会・町内会や職場の会議から国際会議に至るまで、何らかの課題について話し合うために、さまざまな会議の場が設けられます。学級会、○○委員会、児童会など、小学生もいろいろな会議を体験しています（3章で見てきたように、小学生が行っているこうした学習活動は、「集団組織での話し合い」を学ぶ国語教育に基づいているとも言えそうです）。

それにしても、テレビで国会などを見ていると、「会議は何のためにあるのか？」と言いたくなるような光景に出合うこともあります。質疑内容は事前に答弁側に知らされていて、答弁内容は担当部局の職員が原稿を作って答弁者に手渡しています。税金を払う国民に対して答弁は的確なものでなければなりませんから、ある程度は仕方がないにしても、原稿の棒読みにはやはり閉口します。一人の議員が長々話している間、他の議員はうたたねしているような状態、という光景も見かけます。国の会議からそうなのですから、全国の自治体の会議も、「上にならって」いることでしょう。あなたの地元の自治会・町内会の会議はどうでしょうか。

「平等な会話＝等話」の視点を会議に当てはめるなら、「**平等な会議＝等議／不平等な会議＝不等議**」というものもあるように思われます。この場合、平等か不平等かを決める原則の第一は、「等話」と同じように、参加者の発言時間が平等に分かち合われているか、という点にあると私は考えます。時間は、平等に意見を言い合えるかどうかに直結する要素だからです。

誰かが長く話したために、他の人の発言時間がなくなってしまったということはよくあります。悪気はないのでしょうが、周囲の人に目が行き届かず、自分の意見だけを延々と述べ続ける「時間泥棒」のような人も少なからずいます。そうした会議は、結果的に、「人の間の不平等」そのものを追認する場になってしまっていると言えるかもしれません。

発言力を持つ人だけが長々と話し続ければ、平等に意見を言い合える雰囲気は壊れてしまいます。中堅社会人を対象にしたある研修会で、「等話」の意義についてお話しし、「等話」を実践してもらったところ、事後の感想文に次のようなものがありました。

「今まで私は、会議や話し合いが大嫌いだった。理由は、いつも特定の人ばかりが発言するからだ。でも、今日、等話を実践してみたら、話し合うことって、こんなに楽しいものなんだとわかった。誰もが等話の考えを持ってほしいと思う。」

きっと、同じような理由で会議が嫌いになっている人は少なくないのではないでしょうか？

人間社会にはつねにさまざまな課題が存在し、その解決を図る過程では必ず会議を開く場面が出てきます。○○委員会であれ、△△研修会であれ、日頃行われているどんな会議も、皆の合意を得て、よりよい解決策を見出せれば、これ以上のことはありません。そうなるためにも、参加者皆が「平等な会議」を意識することは大切なことです。

ところで、民主主義の理念に則れば、「皆の合意を得て、よりよい解決策を見出す」というのは無条件に肯定されて然《しか》るべきだとしても、皆が合意したことすべてが、本当によりよい解決策なのかという疑問もわきます。全体の合意で却下されたある人の創造的なアイデアが、別の場で、あるいは別の時代に評価されることもあります。とかく、革新的で奇抜なアイデアは敬遠されがちであり、一方、波風を立てない無難なアイデアは陳腐なもの、という印象もあります。大多数の人が合意した解決策であっても、それが本当に望ましいことだったかどうかはわかりません。

だからこそ、会議においては、お互いに考えをより深め合い、自分とは異なる考えを持つ人からも素直に学ぼうとする態度が大切になってきます。会議（話し合い）とは、そうした態度を学ぶ場でもあると言って過言ではないかもしれません。

会議をめぐっては、「悪しき平等主義」ということばが聞かれることもあります。個性的で多様性に富んだ意見を認めずに、皆が賛同しそうな均一的な意見だけを重視するような会議、参加する側の人たちも、自分の考えを抑え、周りの空気に合わせているような会議…。何か同調圧力的な雰囲気が漂ってきそうです。「悪しき平等主義」が出てくる原因は、そうした予定調和的な会議のあり方そのものの中にあるのではないかと私は思っています。

では、「悪しき平等」ではなく、「良き平等主義」に基づく「平等な会議」はどのようにすれば実現できるのでしょうか。以下は、「平等な会議」の実現を目指すための、一つのイメージ・トレーニングです。

場面は、〇〇委員会の会議です。まず、進行役が説明・発言する時間の総計は、各委員が発言する個々の時間の総計を越えないように心がけます。進行役が話す時間が短ければ、その分、各委員は多様な意見をより多く述べることができるからです。進行役同様、各委員も発言時間の平等性を意識して自分の意見を述べます。また、他の委員の意見にも耳を傾けながら、自分の意見との関連性や違いについて考えを深めます。それぞれが勝手に自分の意見だけを述べるのであれば、わざわざ皆がその場に集まる必要性はありません。文書で全員にメールすれば済む話です。せっかくその場に集まったのですから、互いの意見を汲み取り合って、全体の意見を練り合っていくというあり方を皆で目指すべきでしょう。

「平等な会議」を実現するためには、進行役はあらかじめ各委員に、次のような「約束事」を提示し

写真２　「令和２年度講座企画研修会基礎編」（仙台市生涯学習支援センター、2020年６月12日）

ておきます。「発言する場合は自己完結せず、長く話さず、他の委員の意見も汲み取りながら話すことを心がける」「発言の最後には、何らかの提案や問いかけを行うことを心がける」などです。譬《たと》えて言えば、江戸時代の連歌の会のように、誰かが上の句を作ったら、別の誰かが下の句をつける、といった連携プレイ（話の作り合い）のイメージでしょうか。

大人数での会議の場合、全員が平等に発言するとなると、必然的に聞く時間ばかりが多くなってしまいます。発言時間の平等性をキープし、かつ聞く時間を短くする方法としては、最近よく試みられているように、小グループに分かれて話し合うワークショップ形式の会議が有効でしょう。

**写真2**は、仙台市生涯学習支援センターが主催し、同市内の各市民センターをはじめとする社会教育施設職員の方々を対象にした、「講座の企画づくり」をテーマとするワークショップ形式の研修会の様子です（二〇二〇年六月一二日。三回のうちの一回目）。私は進行役として参加させていただきました。新型コ

ロナの影響で、距離を保ちながらの研修会となりましたが、研修担当の社会教育主事・門脇美智子さんを中心に、運営スタッフの方々がチームを組んで、会議の目的に向けた「平等な会議」づくりにトライし、研修内容を深め合う場となりました。

11章でマルティン・ブーバーの「三種類の対話」（「真の対話」「実務的な対話」「対話的に偽装されている独白」）を紹介しましたが、これを「三種類の会議」に置き換えてみることもできるでしょう。

事務的な連絡調整や伝達・確認などを目的とする「実務的な会議」ならば、わざわざリアル空間に集まらなくてもオンライン会議で事足ります。これについては、今回在宅勤務でオンライン会議を経験した方々なら、すぐに納得できるでしょう。

「会議的に偽装されている独白」、これは論外です。他者の発言に対しては無関心で、各々がまるで独り言のように自分の考えだけをしゃべる場になってしまえば、もはや会議とは呼べなくなります。

先に引用したように、ブーバーは、「真の対話」を「相手と自分のあいだに生きた相互性がうち立てられることを志向しつつ、相手に向かいあう」行為であると定義しました（本書一一五頁）。「真の会議」の定義には、これをそのまま当てはめてもよさそうです（会議の場合、「相手」は会議参加者全員です）。そうとらえれば、「真の会議」の見本は、「真の会話」の中にあることが見えてきます。

会議の起源を想像すると、結局は6章で述べたような、私たち人類の起源に遡ることができるでしょう。それは、古代の王が官僚などの特権者だけを集めて行っていた時代よりも遥か以前、人々が小集団で協力し合って生活していた石器時代の「話し合い」の姿です。そこまで辿れば、会議の原型は「会話」にあったことに気づかされます。相手の思いを汲み取り合い、異なる考えをどうまとめ、困難に遭遇した時に皆でどう解決していくかといった、会議にとっての最も大事な心がけは、家族や仲間たちとの「平等な会話＝等話」の延長上にあるということです。とかく形式的になりがちな会議においても、そうした「等話」の感覚を養いながら工夫していけば、お互いによる「等話」の総和が、全体としての「真の会議」を生み出してくれるような気がします。

今から二五〇年ほど前、ヨーロッパ市民革命を経て、私たち人類はようやく個人の権利や自由という概念を確立しました。そして、民主的な代議制に基づく会議を通じて、物事を決めていくという仕組みを作り上げました。長い人類史から見ると、それはついこの間の出来事です。しかし今、私たちは、そうした概念や仕組みの代表機関とも言える国会の風景を見て、「これで十分」とは思っていないでしょう（少なくとも私は思っていません）。お互いの思いや考え方の違いを尊重し合いながら、かつ、皆が自由に発言できる「真の会議」を作り出すためには、一人ひとりに「権利」や「自由」があるだけでは、あるいはまた、自分の意見を間接的に誰かに託すという代議制的な仕組みだけでは、まだ「足りない何か」があるのではないでしょうか？　その「足りない何か」を皆で探し出していくことも、「等話」によって可能なのではないかと思うのです。

その場にいる人たちが（その場にいない人たちのことも親身になって考えて）、一緒に知恵を出し合い、新たな気づきをたくさん得ることができる会議。そうした会議を実現していくための基本的な心持ちとして、まずは誰にでもできることから始めませんか、というのが私の提案です。

それはつまり、「お互いを思いやり、問いかけ合う『等話』の心がけを、会議の場に取り入れる」という、きわめてシンプルな（だけれども、最も効果的だと私は思っている）提案です。

会議がよりよく変われば、きっと、人間社会はもっとよくなるはずだと信じながら…。

# 15 人から学ぶ、明日《あした》の学習

本書は、会話の力、おしゃべりの力を、「人とともに生きるための力」として取り戻す意義について提起しています。

それは、「学び」という観点から言うと、本などの文字からだけの学びではなく、生身《なまみ》の人間のことばからも学ぼうという呼びかけになります。私たちは、誰もが、実にたくさんの人と出会い、関わり合うことで、「人としての生き方」「人とともに生きる生き方」を学び、こうして育っているからです。産まれた時から本を読み、文字のおかげだけで大人になったのではありません。

私は中学教師時代から現在に至るまで、文字中心の一般的な授業とのバランスを取る意味から、できるだけ「生身の人から学ぶ」要素を取り入れた授業も試みてきました（本書2章）。その学習方法を、「**明日《あした》の学習**」と名づけてみました。それは、「人とともに生きるための学び」「明日《あした》の『私』への学び」、

図16 明日の学習——5つの視点

| 視点 | 内容 | キーワード | キャッチコピー |
|---|---|---|---|
| 視点1 | 教室と日常生活と地域社会をつなげる | 学び場 | 生活と地域に活かそう！ |
| 視点2 | 話しことばと文字ことばのバランスを取る | ことば | おしゃべりし、文字に書こう！ |
| 視点3 | 創造的思考で自己発見を繰り返す | 考え方 | アイデアを出そう！ |
| 視点4 | 生身の人との関わり合いの中でともに生きる | 人 | 人を大切に！ |
| 視点5 | 多世代と交流し人生の学びを得る | 人生 | 次世代を想おう！ |

そして「明日《あした》の社会を生きるための学び」として考えた私なりの学習方法です。

「明日《あした》の学習」は、自分の遠い未来のためとか、来たるべき社会のためとか、そういうあいまいな目標に向かう学習ではありません。かといって、今が楽しければいいという学習でもありません。一晩後の「明日《あした》の『私』」の姿に、今、希望がふくらむことを目指す学習です。それは、子どもからシニア世代まで、誰にでもできる学習法であり、誰もが生涯にわたって学ぶことのできる学習法です。

生きる意欲というものは、どうなるかわからない遠い未来を夢見ることよりも、また、今この瞬間味わっている高揚感に浸ることよりも、間近に訪れる明日に希望を抱く気持ちから生まれてくるのではないかと私は考えます。人生は、今日と明日をつなぐ時間の連続体なのですから。

私が現在大学で試みている「明日《あした》の学習」は、次の五つの視点で構成しています（図16）。この五つの視点は、私が中学校や大学の現場で、あるいは社会教育や地域などの現場で試みてきたこれまでの活動を総合し、辿り着いたものです（今後もこうした現場で試行錯誤を続け、「明日《あした》の学習」の視点をさらに発展・変容させていきたいと思っています）。

以下に、それぞれの視点とその着眼理由を述べます。

## ◉視点1　教室と日常生活と地域社会をつなげる

とかく、学校の授業は日常生活から切り離されて行われ、その評価もテスト中心で行われています。これに対して、私が大学の講義やゼミで試みているのは、①教室に、地域で働く社会人やシニアの方々をゲストに招き、仕事や日常生活や地域社会の中で常日頃《つねひごろ》感じているさまざまな事柄についてフランクに語ってもらう、②そこから見えてくる仕事や生活や地域の課題についてゲストと一緒に考え合い、教室だけでなく、地域社会全体が「学びの場」であるという感覚を醸成していく、③こうした「**相互通行**」**的授業**を通じて、社会生活の有り様《よう》を主体的に考え、自分の日常の行動につなげていく、というものです（評価は、毎回の取り組み姿勢、発言内容、ふり返りシート、レポートや作文などで行います）。

戦後、日本の小学校では、アメリカの教育学者ジョン・デューイ（一八五九－一九五二年）などの理論をもとに、「社会生活の経験を授業に取り入れよう！」（それによって学校と社会をつなごう！）という児童教育実践が行われました。しかし、実際の教育現場にいた私の見方からすると、この試みも、5章や10章で見てきた一方通行型の現代社会の有り様と同様、社会生活を教室へ取り入れるだけの一方通行的な学習だったのではなかったかとの思いがあります。そこで私が考えついたのが、社会生活の「生《なま》の現実」を、「生《なま》の人」（ゲスト）を通して教室で学び、その学びの成果を実際の（生《なま》の）日常生活や地域社会に活かしていこうという**「相互通行」的な学び**の試みです。

ゲストの方々も、「授業に参加することで何かを得たい」「若い人の新鮮な考えや発想を得たい」「仕事や地域の課題を若い人にも知ってもらって一緒に考え、アイデアを出してもらいたい」など、さまざまな思いを抱いて教室に（無償で）来てくださいます。学生たちには、その方々の「問いかけ」にどれくらい応答できるかを真剣に考えてもらいます。その「相互交流」から生まれる学びが、さらに新たな学びを広げてくれるのではないかと考えたのです。

「明日《あした》の学習」は、年齢・経験・知識の量に関係なく、誰もが「平等な関係」によって「人とともに生きるための学び」のあり方を学ぶ（特に社会人、シニアの方は学び直す）、**「相互通行」的な体験学習**が基本であるべきだと考えます。

### ◉視点2　話しことばと文字ことばのバランスを取る

とかく、私たちは勉強や学習というと、文字や数字を通じて何かを習得することだと思いがちです

（昔で言えば「読み書きソロバン」）。実際、学校は識字教育の場として成立してきたものですし、今日行われている発展途上国への国際的な教育支援活動も、学校を建てて識字教育を推進することが主流とされています。また最近では、文字や数字を見やすくレイアウトしたプレゼンテーション資料を巧みに示しながら上手に話すことが、「コミュニケーション能力」だと思われています（本書9章）。3章で見てきたように、学校教育では「始めに文字ありき」が大前提となっていて、「話しことば」の学習は軽視されています。

一方、日常の会話では、自分が話す内容をいちいち文書にしてから話し始めるということはしません。しかし私たちは、自然な「話しことば」のやりとりからも、「文字ことば」からと同じくらい（また、それ以上に）、たくさんのことを学び合っています。

私たちが現在学んでいる西洋近代型の学校制度は、イギリスの産業革命や市民革命と連動して始まったものです。まだたかだか二〇〇年くらいの歴史しかありません。日本全国にそれが普及・浸透したのはさらに下って明治三〇年代（一九〇〇年前後）あたりだそうですから、その歴史はもっと浅く、わずか一二〇年、五世代くらい前の出来事です。当時の授業は、先生が教科書（文字）と黒板（文字板）を使って一斉に教えるやり方でした（子どもたちは隣に座る仲間と話もできず、先生に言われたことをするだけでした）。

それに対して、直接、人と会話し、文字を介さずに「話しことば」で学ぶという学び方は、近代学校以前どころか、文字が発明される遙か昔から行ってきた、人間にとっての最も根本的な学習法です（本書6・8章）。

そもそも、文字が発明されたのは、学んだり教えたりするためではなく、王（権力者）がしたことを後の世にまで伝え残し、その権力を永遠のものにするためではなかったかと想像されています。やがて、他の人々も自分の思いや考えを文字で書き表せるようになると（一五世紀の印刷技術の発明は決定的でした）、「話しことば」よりも、「文字ことばを」覚え、「文字ことばで」覚えることが学びや教えの中心となり、現在に至ったと思われます。

学校教育の現場は、ともすると、文字や数字を暗記してテストで点数を取るためだけの場に陥ってはいないか？――学校教育へのこうした批判は昔からありました。もしその原因が「文字ことば」中心の教育のし方にあるとすれば、教育現場で使われる文字は、生身の人間活動からまったく切り離された「無機質な文字」ということになります。そして、もし、そのような文字を駆使できることが学びの評価基準になっているとすれば、「話しことば」による学びの復権は、学校教育においてもより強く求められていかねばなりません。私は、人との会話、おしゃべりは、文字以上に大切な学習だと考えます。

もちろん、文字や数字それ自体は、人間の思考活動や、その成果物として文化の保存・継承・変容・刷新にきわめて大きな影響を与え、人間活動と人間社会に多大な貢献をしてきました。プラトン

写真3　無着成恭編『山びこ学校』（百合出版、1956年、尚絅学院大学図書館所蔵）

が文字に書き残してくれたおかげで、今私たちは、二〇〇〇年以上もの時を経て、プラトンの思想やソクラテスの対話術（本書11章）に触れることができ、私も、こうして自分の考えを文字にしてあなたや次世代に伝えることができます。

残念ながら、会話やおしゃべりは、その場でまたたく間に消え、それぞれの記憶の中にあいまいに残るのみです。その中身を誰もがわかる形に残してくれるのが「文字ことば」です。「文字ことば」は、「話しことば」による学びをより深めるための手段にもなるということです。戦前戦後の日本で、「生活綴《つづ》り方運動」と呼ばれた作文教育の実践がありました。日常の身近な人々とのおしゃべりや日々の生活からの学びを「作文」（文字ことば）に表して考えを深め、「明日《あした》の日常」につなげていこうという児童教育の実践です（成人教育の実践もありました）。**写真3**は、山形県の山村の小学校で行われた「生活綴り方教育」の記録集です。私が通う尚絅《しょうけい》学院大学の図書館にもありました。

私は、この「生活綴り方運動」をヒントに、文字に生身の人間の思いを入れ（人の思いを文字で表し）、会話の中に人類が培ってきた深い学びを見つけ出すために、「話しことば」と「文字ことば」を組み合わせた「**両生類的学習**」を、大学の授業に取り入れているところです（「両生類的」という考え方については本書の2章と6章で触れました）。

「明日《あした》の学習」は、誰にとっても、話しことばと文字ことばのバランスを取る**調整学習**であるべきだと考えます。

### ◉視点3 創造的思考で自己発見を繰り返す

「人生一〇〇年時代」と言われるように、人生時間はどんどん長くなっています。一方で、社会の変化には、めまぐるしいものがあります。昔はこうだったと話している間にも、私たちの暮らし方はどんどん変わり、社会に取り残された気持ちにさせられるような感覚にもなります。社会の変化に飲み込まれないよう、私たち自身も自分を自分なりに変化させ、変化自体を喜びに転換していく柔らかな気持ちが求められる時代なのかもしれません（そうは言っても、変化させていくには疲れることもあるはずなので、疲れを取る心の持ち方も併せて求められていくのでしょう）。人は何歳になっても学ぶべきことがあり、何歳になっても自己変革・自己成長できる——そういう考え方、人生観です。

人間は若い時にたくさんの経験をし、多くを学びながら歳を重ねてこそ「深みのある人間」になれる、とよく言われます。「人生一〇〇年時代」は、そのライフステージのスパンが長くなるので、「新たな自分」を発見し変革していく「**自己発見寿命**」も長くなっていくはずです。そうした自己発見の積み重ねこそ、「人生一〇〇年時代」の社会にふさわしい人生時間の過ごし方ではないでしょうか。

そのように考えると、「長生きする」とは、創造的思考で自己発見を繰り返す、人間活動の終わりなきプロセスを楽しむことだと言えそうです。「創造する」「創造的に考える」「創造的に活動する」「創造的に生きる」とはどういうあり方なのか、また「創造的な人」とはどういう人なのか。あなたはどういうあり方、どういう人をイメージしますか?

「明日《あした》の学習」は、誰にとっても、新たな自己発見のための**創造学習**であるべきだと考えます。

## ◉視点4　生身の人との関わり合いの中でともに生きる

西洋近代世界は、主体としての個人を確立し、そうした主体間の「契約関係」によって民主社会を作り上げてきました。しかし、4章で見てきたように、そうした個人の確立に大きな影響を与えたルソーの『社会契約論』(一七六二年)には、「契約関係」以外の「人と人との間の生身の関係」については書かれていません。また、近代哲学を開いた、ルネ・デカルトの『方法序説』(一六三七年。当時の表題は『理性を正しく導き、学問において真理を探究するための方法の話。加えて、その試みである屈折光学、気象学、幾何学。』)における探究の対象も、「我」から見た世界観に基づくものであり、『我』の隣にいる人との関わり」から見た世界観というものは思考の対象外だったようです。

個人の確立を目指した近代社会が見落としてきたもの、それは「生身の人との関わり合いの中でともに生きる」という視点だったのではないでしょうか。私たちは「生身の人との関わり合い」の中で生きており、その集合体を形づくっているのが社会です。ルソーもデカルトも、実生活ではそうした社会の一員として生きていたはずです。ルソーやデカルトが残した書簡（現在で言えば、誰かへのメール文）を読むと、二人とも実にたくさんの人と、喜怒哀楽あふれる関わり合いの中で生きていたことがわかります（ルソーについては、4章で触れたように、『ルソー全集』に収録された手紙や回想録からそれを伺い知ることができます）。

大学の図書館に、『デカルト全書簡集』（山田弘明ほか訳、知泉書館、二〇一二－一六年）がありました。デカルトはなんと七三〇通以上もの膨大な往復書簡を残していたそうです。一人孤独に、ではなく、「生身の人との関わり合い」の中で思索を磨いたデカルトの姿が浮かんできそうです。書簡集の訳者の一人、岩佐宣明氏が「訳者あとがき」の中で次のように述べています（同書、第七巻、三六三頁）。

> 「筆者はこれまで単純に、滞在先でのデカルトを、周囲との接触は必要最小限に、もっぱら研究と思索のモノローグに沈潜する孤高の哲学者としてイメージしていた。おそらくそれも一面の真実だろう。だが無視できないのは、こうした超然とした一面の一方で、彼が滞在先の近隣住民と**きわめて共感的な関係をも築いていた**、という事実である。私見では、この**人間デカルトの不思議なバラ**

**ンス感覚とそれを支える人間の幅**は、上述した彼の哲学観、最も高遠な事柄と最も卑近な事柄に分け隔てなく注ぐあの不偏不党の眼差し、詰まる所、デカルトが一言で『理性』と呼ぶものと、無縁ではない。」

ここで岩佐氏はいみじくも「人間デカルト」と書いていますが、おそらくこの引用文中に出てくる「近隣住民」も、「孤高の哲学者デカルト」としてでなく、一人の人間である「デカルトさん」として彼と接していたことでしょう。「デカルトさん」と「近隣住民」は、一体どんな会話を交わしていたのでしょうか？　まさか、「～は～である」といった論文調で話していたはずはありませんよね。

「生身の人との関わり合いの中でともに生きる」とは、職業・肩書・性別など、あらゆる属性を越えて、互いに「同じ人間」として関わり合うことだと思います。これからの社会に何より求められているのは、近代社会が見落としてきた、そうした「人と人との当たり前の関わり合い」を取り戻していくことではないでしょうか。今や、ＡＩやロボットといった生身の人間以外との新たな共生・協働も必要な時代だと言われます。しかし、どんなにＡＩやロボットが普及しても、「ＡＩより優秀ではないけれど、あなたがいてくれるとありがたいな」と、身近な人から言われるような人になりたいものです。「明日《あした》の学習」は、近代社会が求めてきた「個々人の自己実現」のための学習ではなく、「ともに生きている実感を味わい合う」**共生学習**であるべきだと考えます。

### ◉視点5　多世代と交流し人生の学びを得る

「生身の人との関わり合いの中でともに生きる」ということを、時間軸を広げて考えると、人類は太古よりそうして生きてきて、私たちも前世代からそれを受け継ぎ、次世代に継承していくという、大きな人類史的時間の流れの中で生きていることが見えてきます。現代は、その大切さをあらためてとらえ直すべき時代でもあります。

５章で取り上げたように、日本の少子高齢問題は、世代と世代（人と人）を連綿とつないできたそうした「人生の学び」の継承を途切れさせ、世代間の断絶という問題にまで波及させています。また、10章で見てきたように、現在の高齢世代の中には、若い世代に知恵を伝えることを忘れ、個人の権利ばかりを主張して自分の暮らしを消費し、最後にただ介護されるだけの人たちも少なくないように見えます。個人の権利の確立ばかりに注力し、「人と人がともに生きている」ことを見失ってきた近代社会は、次世代への継承や世代間の共生といった視点をも見失ってきたように思えます。

人生時間が長くなった現代の高齢社会、人類史上初めて訪れたこの高齢社会を生きていく高齢者の方々（私も、もうすぐその一員になります）には、「個人としてどう生きるか」よりも、「年少者や次世代のためにどう生きるか」という学び直しを、生涯の最期まで続けられる「生涯学習への意欲」が必要だと私は考えます。

同じく大学の図書館に、「生涯学習」ということばの基となった「生涯教育」の提唱者であるフラ

写真4　ポール・ラングラン『生涯教育入門』（波多野完治訳、全日本社会教育連合会、1976年、尚絅学院大学図書館所蔵）

ンスの教育思想家ポール・ラングラン（一九一〇－二〇〇三年）の本もありました。ユネスコ（国連教育科学文化研究機関）の成人教育課長をしていたラングランが、ユネスコの成人教育推進国際委員会で「生涯教育」を提唱した五年後の一九七〇年に、ユネスコ本部から出版した本の翻訳書です（写真4）。この本には次のようなことが書かれています。

「生涯教育はまた、現代社会の**危機的な状況**のひとつ、つまり世代間の諸関係から生じる状況に、それに対する**解決法**として関与する。多くの例があることだが**若者と年長者とのコミュニケーションや意見の交換はうまく行っていないのであって**、いろいろな事情で、親と子、先生と生徒の対話が実際に阻害されるまでになっている。ところで、**こうした交流は、個人相互の向上のためにも諸社会の均衡のためにも同様に貴重で欠くべからざるものである**。

結局のところ、**この危機の状況における主要な責任は、年長者のものである**。というのは、なによりもまず、大人はかつて彼ら自身若者であったのに対して、若者は決して大人であったことはないからである。それゆえ、理解や適応ややりなおしや想像といった相互のコミュニケーションを可能にするものは、**年長者のつとめ**に属することである。［…］
いいかえれば、大人のいうことがすなおに耳を傾けられ、大人の知識の伝達や指示が次の世代へと通って行くためには、**大人は自分自身が教育的状態にあるのでなければならない。**大人は、好ましい注意を手に入れることを望みうるためには、**常に学習し進歩し、自分自身についてあるいは自分の知識や経験について絶えず反省するという代価を支払わなければならない。**このことが、**対話を再建し、生き生きと保つための唯一の道**であるように思われる。」（ポール・ラングラン『生涯教育入門』波多野完治訳、全日本社会教育連合会、一九七六年、五四頁）

ラングランが世代間の問題を「現代社会の危機的な状況のひとつ」として指摘し、「生涯教育」の必要性を提起してから五〇年。はたして日本や世界の現代の大人たちは今、どの程度、「年長者のつとめ」に自覚的でしょうか？　五〇年前の社会が「危機的な状況」だとすれば、現代の少子高齢社会はどのように表現されるでしょうか？　「きわめて深刻かつ重大な危機に瀕した状況」？

現在、全国各地の自治体で行われている生涯学習講座は、こうした世代間問題の「解決法」として十分に機能しているでしょうか？　個々人の趣味やカルチャー教室的な学びばかりに予算を割いて、むしろ「利己的な高齢者」の増大に寄与してはいないでしょうか？

「明日《あした》の学習」は、一生涯の生き方と結びついた、世代をつなぐ**人生学習**であるべきだと考えます。

以上が、現在私が大学で試みている「明日《あした》の学習」の五つの視点です。「人とともに生きるための学び」「明日《あした》の『私』への学び」「明日《あした》の社会を生きるための学び」を目指すこの実験的授業に対する学生の反応については、前後の章で紹介している学生たちの作文から見て取ることができます。

これら五つの視点から学生たちを見ていると、一つ常々気になっていることがあります。それは、視点2「話しことばと文字ことばのバランスを取る」ことについてです。私は「人から学ぶ」学び方も重視して授業を試みていますが、人との会話だけで授業が終わっているわけではありません。他の先生方と同じように、文献資料も用いますし、私自身が書いた文章も提示します（本書もそうです）。さらに学生には作文課題を通して、文字で思考を深め合う学習も行っています。会話、おしゃべりだけでなく、文字を読むこと、文字を書くことも、同じように大切なことだと考えているからです。

この視点2には、先に述べたように、文字で深めた考えを会話に活かし、会話で気づいた学びを文字で深めるという相乗効果があると考えます。いわば「文字を通じた会話の学び」です。しかし、現代の学生は、昔の学生以上に、実に多くの時間をアルバイトに費やし、本を読むヒマもないといった様相さえ感じます。バイトの理由が、学費や生活費を稼ぐためだとすれば、それ自体は社会的に考えるべき重要な問題です。しかし、時間があっても、本を読むことに時間を使っている姿はあまり見られません。典型的な「スマホ人」である現代の学生たちは、じっくりと本に向き合い、文字に込められた思いや考えを読み取ろうとする意欲自体が減退しているのでしょうか。近年では、小学生から高校生まで、スマホの利用時間の増大と読書時間の減少（読書離れ）が言われていますが、その延長上に現在の大学生の姿もあるのかもしれません（アルバイトを探すのも、手軽にスマホから探しています）。

私は大学の教員として、学生には「豊かな人生時間」のあり方・過ごし方についても学んでほしいと思っています。ここで言う「豊かな人生時間」とは、自分の考えを広げ、人の思いにも触れるために、しっかりと人と向き合って会話し、ともに活動すること、それとともに、自分の考えを深めるために、じっくりと本を読み、自分の考えを文章に表すこと、そしてそこで深めた考えを、さらに人との会話と活動に生かし、人とともに生き生きと生きていくこと、そういう「**往還的な時間**」を指します。そのような「豊かな人生時間」を、貴重な学生時代に味わってほしいと願うのです。

コロナ禍で在宅学習やオンライン授業となった二〇二〇年度、学生たちと共有したこの「明日《あした》の学習」の試みは、次章で紹介するように、遠方のシニアの方々との「会話と作文の交流」へと発展・変容していきました。

# 16 オンラインおしゃべり楽校《がっこう》の実験

今回の新型コロナウイルスによるパンデミックは、生存・生活・生産という人類の基本的な活動に多大な影響をもたらし、現在も続いています。そのような重大事の中で、今年度（二〇二〇年度）は、私の大学でもインターネットによるオンライン授業がほぼ全面的に導入されました。私は、このオンライン授業にも、これまで試みてきた「明日《あした》の学習」の視点を取り入れられないかと思案しました。オンラインであれば、近隣の方でなくともやりとりは可能です。そこで、5章で紹介した長野県シニア大学（長野県長寿社会開発センターが主催するシニアが学ぶ講座。私も講師として関わっています）の専門コースを受講した方々（や受講予定の方々）と私のゼミ生三人が、オンライン上で「会話の学び」を学ぶ実験を行うことにしたのです（二〇二〇年五月ｰ八月。週一回ペースで開催）。同シニア大学の専門コースは、アクティブシニアが地元で生き生きと過ごし活躍できるよう、シニア自らが「地域プロデューサー」としての役割を学んでいくための講座です（本書18章参照）。

この実験ゼミの実施にあたっては、同シニア大学の運営スタッフである戸田千登美さん（主任コーディネーター）、斉藤むつみさん（長野支部シニア活動推進コーディネーター）、仲村三枝子さん（同支部社会活動推進員）が、全面的に協力してくださいました。

ちょうど、国による一回目の「外出自粛要請」の時期でした。学生だけでなく、シニア世代の人たちも「巣ごもり」状態が続き、身近な人とおしゃべりすらできなくなっているということを聞きました。そこで、この「オンライン会話実験」では、こうした状況を「社会的共通課題」として、学生・シニア世代が思いを共有することから始めました。「普段行っている対面での『おしゃべり談義』にはどのような効用があるのか」「オンライン上での会話は対面での『おしゃべり談義』とどのような点で異なるのか」「オンライン上での会話は対面での『おしゃべり談義』の代用たり得るのか」、こうした問いのもとで、オンライン上での「会話の学び」を実体験する試みです。「**オンラインおしゃべり楽校**《がっこう》」と名づけました。

オンライン会話アプリの一つ、Ｚｏｏｍを使い、その中のブレイクアウト・セッションという機能を用いて、参加者はそれぞれペアになって画面上の各「部屋」（ルーム）で会話します（次頁図17）。

私からは事前に、「等話」の考え方についてお話しし、「**等話の心がけ**」を提示させてもらいました。

ペアはいずれも学生とシニアの組み合わせです（シニアの参加者が多くなれば、シニア同士がペア

図17　オンラインおしゃべり楽校の原理

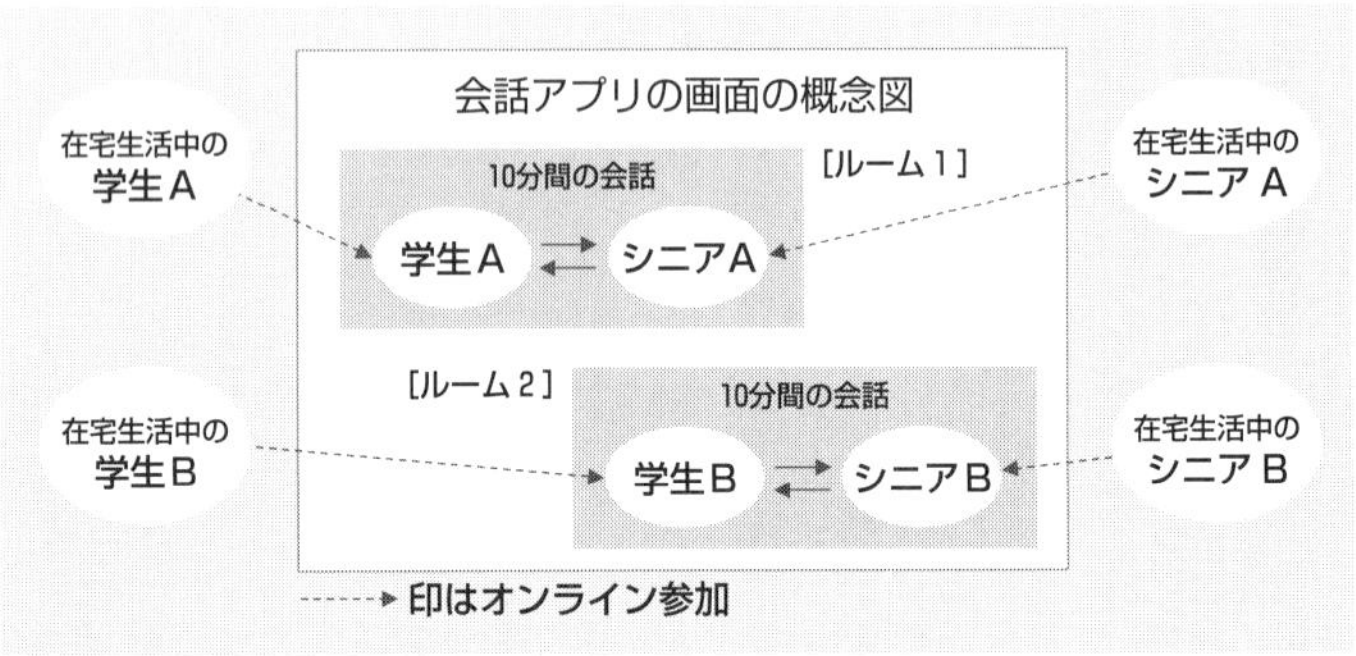


になります）。一回当たりの会話時間は一〇分程度、それを二、三回別のペアと行います。そのあと全員で感想を語り合い、皆で共有の画面上のホワイトボードに一言メッセージを書き合って、一回のプログラムが終了します。時間は一時間ほどです（シニアの方々にとっても目の疲れにはそのくらいかと思います）。当初、参加人数は学生三人にシニア三名程度と想定しました。しかし、回を重ねるごとにシニアの参加希望者は増え、最終的にはなんと三四人のシニアの方々が参加されました。シニアの方々の大半は一回だけの参加でしたが、三人の学生のほうは、結果的に、毎回新たな方々と週一回のペースで会話することができました。

　また、毎回その週の間に、その体験から学んだことを「ふり返り作文」にして、全員がメールで共有することも行いました。前章の視点2で提案した、「話しことば（会話）と文字ことば（作文）のバランスを取る」試みです。「ふり返り作文」を書くにあたって私が提案したのは、**図18**に示した「会話の学びのプロセス五段階」を念頭に入れてふり返る、というものです。この「おしゃべ

図18　会話の学びのプロセス５段階

| | |
|---|---|
| ステップ１ | 人や世界に心を開く |
| ステップ２ | 素直に自分をふり返る |
| ステップ３ | 新たな発見に気づく |
| ステップ４ | じっくり深く考える |
| ステップ５ | 自分の変化を感じる |

り楽校」には、途中から、他県の公民館の職員さんや、私の大学の隣町で活動している「地域おこし協力隊」の方々なども（「視察」を兼ねて）参加されました。

　対面でのやりとりを醍醐味とする「**だがしや楽校**」（本書一七頁）の場合、さまざまなヒト・モノ・コトを介し、自分の足で動きまわりながら「おしゃべり」を楽しみます。これに対して、今回の「**オンラインおしゃべり楽校**」は、パソコンやスマホの画面を介して顔を見合いながらの「おしゃべり」だけです。しかし、それゆえに、今回の実験は、日頃私たちが無意識に行っている「おしゃべり」それ自体の意義を皆でとらえ直す機会になったように思います。

　次に、三人の学生が書いてくれた「ふり返り作文」の一部を紹介します（それぞれ、「体験初期」の作文と「全日程終了後」の作文とをセットにして掲載します）。

オンライン授業

◉学生Aさん（男子）・体験初期（五月二二日）

大学でオンライン授業が始まってからほぼ一ヶ月、この形式にも慣れてきた。

今回、ゼミでは新たな試みとして、オンラインを活かした多世代・他地域間の交流を大きなテーマに、長野県シニア大学の方々とオンライン会話実験を行うことになった。初対面のシニアの方と一対一での会話体験だ。

**私は普段、大人の方と一対一で話すことはほとんどない**。そのため、今回の授業は不安と緊張の中で迎えた。ともかく、先生が提示した「話す時間と聞く時間を平等にする」「話の最後に何か問いかける」ことを念頭に置くことにした。

すると、共通の話題はないか、相手の話で気になったことや共感できたことはないか、といった視点が自然に浮かび、**会話の流れが見えやすくなったことに気づいた**。おかげで、**思っていた以上に、長く楽しく会話をすることができた**。相手の方々は、しきりに相槌やうなずきを返してくださり、それが私の不安を取り除いてくれた。画面越しの会話は、場の雰囲気を感じにくい分、相手のことばにしっかり反応を返すことが重要だと感じた。

［…］新型コロナウイルスの影響で生活スタイルを変えざるを得ない状況だが、「悪い変化だけで

なく、このオンライン会話のように良い変化もあった」というシニアの方々の話を聞くと、現状への不満が和らぐ気がした。他者との交流が減り、引きこもりがちになっている今、**初対面の人と生活の変化や現状について語り合う、こうしたオンライン上での会話体験は、これからのリアルな日常生活にも十分活かせるかもしれないと思った。**

◉学生Aさん（男子）・全日程終了後（八月一七日）

変わったこと

**高校までの私は、人とコミュニケーションを取ることが苦手だった。むしろ嫌いだったとすら言えるかもしれない。**特に教室の空間となると気が重く、休憩時間はいつも一人で過ごしているような状態だった。［…］いつしか人との会話は最低限のやりとりだけになり、ごくごく限られた人間関係の中に閉じこもるようになっていた。このままではいけないと思いつつも、具体的な行動に移すことはなかった。

いよいよ大学生となり、どうにかしなければと思っていた中で見つけたのがこのゼミだ。ゼミの概要を読み、このゼミなら自分を変えられるかもしれないと思い、選んだ。授業ではさっそく社会人を交えての活動が始まった。いわばショック療法的に、自分に足りないところを克服しようと活動に取り組んだが、実際に外に出て地域の人と話すと、しどろもどろとなり、このような活動は私にはまだ早かったのではないかと、正直後悔することもあった。

こうして、貴重な体験をしつつも、自信が持てないまま三年生になった矢先に起きたのが、新型コロナウイルスの感染拡大だ。外出自粛を余儀なくされ、オンライン授業となり、生活は一変した。散々だと思った。そんな思いを抱えながらこの「オンラインおしゃべり楽校」に参加した。

しかし、以前の作文にも書いたように、実際に始めて見れば、思った以上に会話を楽しむことができた。**私自身、自分に驚いた。**今思うに、会話を楽しめたのは、在宅生活が続き、人とのつながりがいっそう薄れたように思えて寂しく感じていたからではないだろうか。**何より、私自身が人と話したいと思っていたのだ。**さらに、「等話」という考え方が私を勇気づけた。**等話を意識的に心がけてみると、人との会話が苦手だった原因は、私の場合、相手に「問いかけ」をしていなかったからだと気づいた。**［…］つまるところ、**「自分に自信が持てない」というところに大きな原因があったのだ。**

この「おしゃべり楽校」に何度も参加し、自分から「問いかけ」ができるようになると、自然に会話への苦手意識はなくなった。等話を心地よく体験できたことで、「私でも楽しい会話をすることができる」と思えるようになった。

一方、授業の終盤で気づき始めたのは、私は「自分の考え」をことばにするのが下手だということである。[…] シニアの方々のお話を聞いていると、短い時間でも理路整然と、わかりやすく話すことがさすがに上手で、圧倒された。また、同じ話題でも、シニアの方々の作文を読むと、「考えの深め方」が私の文章とはまったく違い、これまた圧倒されてしまった。**こうした気づきも、私にとってはとても貴重な体験となった。**語彙力を鍛え、アウトプットを強化することが今後の課題だと感じた。

**意識が変わったことで、日常生活のさまざまな場面でも前向きな行動が取れるようになったと思う。近所の人に気軽にあいさつをしたり、困っている人に自分から声をかけたり、以前の自分とは明らかに変わっている。**友人に対しても、自分から積極的に声をかけられるようになった。先日はオンライン飲み会を私から提案した。[…] 取るに足りない話題でも、こちらから普通に持ち出せるようになり、**友人との会話を心から楽しめるようになった。**

**長引く在宅生活によって、いかに会話が苦手な私でも、会話のない（つまり、人と関わらない）毎日は実に寂しいことだと気づかされた。**日常生活のほとんどは人とのつながりによって成り立っている。**そのつながりを大切にしたいと思えるようになったのは、「オンラインおしゃべり楽校」で会話の楽しさを教えてくださった皆様のおかげです。**[…]

◉学生Bさん（男子）・体験初期（六月四日）

オンライン上での会話と現実空間での会話

オンライン上での会話にもだんだんと慣れ、以前に比べると、円滑に、楽しく話せるようになっている。しかし、その一方で、日常的な対面の場面で自分はどれだけ同じように話せるか、少し気になり始めている。オンライン上での会話は、小さな画面を通じたやりとりなので、相手の表情や声色などの細かな変化をあえて意識することなく、「話す時間・聞く時間を平等にする」「話を短くして、最後に相手に問いかける」といった「等話」の共通ルールに集中することができるが、はたして現実空間の対面での会話となると、どうだろうか？

対面での日常会話の場面を思い起こしてみると、話したい人が多く語るというのが普通であり、「話す時間・聞く時間を平等にする」という意識で会話している人はほとんどいないように思える。**私自身、自分から話を切り出すことは少なく、聞く時間のほうが多い。**聞く時間が多い人ばかりが集まれば、会話も途切れ途切れとなり、ただ時間だけが過ぎていくばかりだ。実際、そのような場面を何度も味わってきた。

**等話という共通のルールを皆が意識できるようになれば、対面での会話も、より楽しくなっていくのではないだろうか。**対面でどこまで通用するかわからないが、**今回得た「会話の学び」を無駄**

**にしないようにしたい。**

◉学生Bさん（男子）・全日程終了後（八月一七日）
オンラインおしゃべり楽校を通じて

「オンラインおしゃべり楽校」では、初対面のシニアの方々と、一対一で自由な会話を行ってきた。唯一の共通ルールが「等話」であった。［…］等話のルールのおかげで、「自分から問いかける」ことも、「相手の問いかけに応答する」ことも、あまり不安がらずにできるようになった。［…］等話という共通ルールを皆が意識していたからうまくいったものの、日常の場面では、特に初対面の人や会話が苦手な人との間では、なかなか難しいことだろう。

**私自身、会話がとても苦手だった。**自分の発言が相手を不快にさせてしまったらどうしよう、自分の発言が間違っていたらどうしよう、そういうことばかり考えていると不安になり、結局、自分から発言できなくなってしまっていた。それは一対一での会話であれ、数人での会話であれ、同じだった。しかし、「おしゃべり楽校」を体験して、**私の「会話不安症」は別のところから来ているのではないかと思うようになった。**それは、単に、知り合いでない人と会話する機会が少なかったということだ。

オンライン授業の始めの頃と比べ、今は、この「会話不安症」はだいぶ改善されたように感じる。先日帰省した際、会釈程度だった近所の人と話す機会があったが、会話が途切れないよう、こちらから問いかけることもできた。**以前の自分なら、「会話をする」という気持ちさえ起きなかっただろう。会話も経験が大事であることを学んだ。**

［…］**これからも、「等話の効力」を日常生活に活かせるよう、会話の機会を大事にしていきたい。**

●学生Cさん（女子）・体験初期（七月三日）

質問は作り出すものではなく、自然と生まれるもの

前回のゼミで、シニアの方からアドバイスをもらった「沈黙を恐れない」ということばが強く印象に残った。

これまでも、会話を行うワークショップ形式の会議などには何回か参加したことはあるが、いまだに緊張をしてしまう。今回のオンライン会話体験でも、「等話」を意識すればするほど、「こちらから質問しなくては」と焦ってしまう場面が多くなった。等話は、相手が質問して自分が答え、自分が質問して相手が答え、…と続いていくキャッチボールなので、相手の質問に答えられても、相手に質問を返せなければ、等話にはならない。等話にならないから、話題から逸れた質問を投げて

しまったり、質問自体ができなくなったりしてしまう。

そんなふうに思っていた時、始めのことばを思い出して気持ちが楽になった。「次の質問はどうしよう」と、質問づくりにばかり気を取られるのではなく、**相手の話にしっかり耳を傾けること。そうすれば、その沈黙から自然に質問が生まれてくる瞬間があるはずだ。**実際、友達とおしゃべりしている時は、質問しようと意気込んで身構えているわけではない。それと同じように、初対面の方とも、肩の力を抜いてお話することができたら、もっと自然な会話や質問ができるようになるはずだ。

◉学生Cさん（女子）・全日程終了後（八月一七日）

等話と自己分析

［…］「等話」とは、会話をする際に、相手の話と自分の話が同じくらいの量になるように、お互いに問いかけ合いながら話すことである。等話を意識するのと意識しないのとでは、会話の質が変わってくる。

**等話ということばを知る前の私は、会話をする時にはいつも受け身の姿勢だった。**仲のよい友達同士ならまだしも、よく知らない人や初めて会った人と会話する際には特に緊張してしまい、うまくことばが出てこなかった。事務的な連絡や伝達はできても、**日常的な会話となると、どうしても身構えてしまうことが多かった。**

　等話は相手とその場で話を一緒に作っていくものであり、相手に作ってもらうものではない。今回のオンライン会話の実験は、参加者全員がそういう共通認識のもとで相手と会話をしているのだと思うと、自然と緊張が和らいだ。そして、落ち着いて話せば相手もそれに応えてくれると思うようになった。そのことを理解するのに時間はかかったが、理解してしまえば自然にことばが出るようになった。

　**等話を日常の場で試してみた**。アルバイト先で、他のバイトの人と休憩時間が重なった時のことだ。私は「せっかくの機会だ！」と思い、話しかけてみた。同じ学生同士ということもあって、気持ちを楽にして話すことができた。話題はバイトの仕事内容についてだったが、ただ聞いたり話したりするだけでなく、「あれってどう思います？」と、相手への「問いかけ」も意識しながら話すことができた。そのためか、会話は弾み、あっという間に休憩時間が終わってしまった。仕事に戻っても、その時の楽しい雰囲気が壊れることはなかった。［…］

　一方で、私は、相手からの質問に短く簡潔に答えることが苦手なようだ。ゼミの授業でも、自分の考えを伝えるために長々と同じような話ばかりしてしまったことが何度かある。［…］**まずは、等話を意識した会話の実践を通して、自分自身を知るための自己分析をさらに深めていきたい。**

以上が、シニア世代とのオンライン会話実験に参加した三人の学生の、「ふり返り作文」の一部です。「等話」が自分の成長にどのような影響を与えたか、伺い知ることができます。学生がこのように変容し、自身の変容に自覚的になれたのは、オンラインで会話をしてくださった長野県内のシニアの方々、そしてそのコーディネートをしてくださった長野県シニア大学のスタッフの皆様方のおかげです。そのシニア参加者のお一人、渡辺信也さんも次のような「自己変容」を作文にしてくださいました。

---

自分自身がどう変わったか

専門コース二〇二〇年度受講予定　渡辺信也

コロナ禍ですっかり縮んでしていた**思考・行動が、このオンライン会話に参加したことで、前向きになれたと感じています。**

今回の参加は、仕事上でも、自分自身の職歴や性格をふり返る必要に迫られていた時期だったので、期せずして自分の人生の激変期と重なりました。参加後は、現在の困難な状況も、自身の仕事や人生観を考えるよい機会、学び直しの機会なのだと**前向きにとらえている自分がいます。行動の**

**質も変化したと思います。**

職場では、世代の違う若手との接し方が明らかに変わりました。家庭では、息子と仕事の話を夜中まで続けることもありました。**このような経験は今まではなかったことです。**

「会話の学びのプロセス五段階」【図18】という提案を松田先生からいただきましたが、これまで自分に最も足りなかったことがステップ1（「人や世界に心を開く」）に挙げられています。会社の若手や息子たちは、これを伸びやかに軽々とクリアしているなと感じました。「会話の学び」の第一のステップがなぜこの内容（「心を開く」）なのか、その意味をよく考え深め、素直にこれからの自分の生き方、学習に生かしていきたいと思っています。この度はありがとうございました。

渡辺さんをはじめ、シニアの方々には、学生も私も、こちらこそいろいろ教えていただき、心から感謝いたします。私も渡辺さんを見習い、「柔らかな変容者」になりたいものです。

二〇二〇年度前期、週一ペースで試みた「オンラインおしゃべり楽校」はこうしてひとまず終了しました。一回当たりの会話時間は一組一〇分程度でしたが、この短い時間の積み重ねの中で、本書の提起する「等話」の考え方がどのような形で深められ、どのような課題を新たに生み出したのか、次章ではそれをふり返りたいと思います。

# 17 経験からの学び――オンライン実験をふり返って

生きているということは、つねに今この一瞬にも、何かを体験しているということです。体験し続けることを「経験の積み重ね」と呼ぶとすれば、私たちは経験の積み重ねから実に多くのことを学んでいます。「人生勉強」ということばがあります。生きている限り、何ごともその時々の体験から自己反省すれば、学び得る質と量は経験値に比例するということです。つまり、人生勉強とは人生経験そのものと言えます。

今回の「**オンラインおしゃべり楽校**」の実験も、参加者の皆さんにとって、人生勉強の一ページになったことと思います。私自身も同じです。「もっとこうすればよかったかな」と毎回自己反省しきりでしたが、学生やシニアの方々の「ふり返り作文」を読ませてもらい、これまで自分が提起してきた「等話」の考え方を、あらためて次の五つに焦点化した視点からふり返ることができました。

## ①ルール・約束事・心がけ

今回のオンライン会話交流の実験では、学生もシニアの方々も、会話を行うにあたって、「等話」という「共通の心がけ」を共有しました。そして、この共通の心がけがよき効果につながっていったことを作文の中で語ってくれました。一方、学生の作文からは、そうしたお膳立てのない、日常生活での「等話」の実践にはまだまだ不安があると吐露しつつ、積極的にこれを実践していこうとする意欲も伝わってきました。

たしかに初対面の人と会話をする場合は、相手がどういう人かわかりませんし、まだ信頼関係が醸成されていない段階なので、何を話すにも大変緊張するものです（私もそうです）。今回の会話実験も初対面ということでは同じでしたが、あらかじめ設定された枠組みの中で、お互いに「等話」という共通の心がけを共有したことにより、円滑な会話ができたようです。

先の作文で学生Bさんは「ルール」と書いていますが、スポーツのルールとは異なり、「等話」のルールを守らなかったからといって、ペナルティーなど付きません。ルールというよりは、心がけ、マナーといったニュアンスでしょう。しかし、大きな社会集団の中で「等話」を成立させるには、共通理解のための何らかの約束事のようなものが必要かもしれないと、あらためて考えさせられます。「等話」という考え方自体が社会の常識《コモンセンス》になっているわけではないからです（そうなってほしいものですが）。

少なくとも、「等話」の実践においては、「等話」に対する共通理解の範囲が、約束事のレベルなのか、心がけのレベルなのかを、集団の規模や当事者間の関係性に応じて柔軟に考えていく必要がありそうです。逆に言えば、「等話」を通して、ルール・約束事・心がけといった人間集団を結びつける共通理解の方法を、再考することもできそうです。

## ②人との関わりそのものが学習

三人の学生は、今回のオンライン会話交流を体験したことで、「人と関わること」にわずかでも自信を得たように思われます。それは、「人は、人との関わりによって日々変化し、成長する」ということを実感したからなのでしょう。まさに、「『会話＝カンバセーション』が『生き方』を教えてくれた」（本書9章）と言えます。

こうした「会話の学び」を実感した誰かが、そこから得た学びを、次には別の誰かとの関わりを通じて伝え、「人との関わり」の輪を広げていく――「会話によって『人との関わり』を体験する」ことからすべてが始まる、という学びです。それは、ちょうど、赤ちゃんが周囲との関わりによって次第にことばやおしゃべりを覚え、自分一人ではなく、多くの人に依存しながら、その支えのもとで成長していく延長上にある学びなのではないでしょうか（本書8章）。

### ③リアルな対面の大切さ

一般に、パソコンやスマホの画面を介した会話は、普段の対面の会話よりも自由度が低いことから、特に情緒面での学習効果は対面の会話より少ないと言われています。しかし、今回のオンライン会話交流の体験は、日頃何気なく行っているリアルな対面シーンもふり返り、そこでの会話の大切さをあらためて再確認する契機にもなりました。

今回わかったのは、参加者の皆さんたちの中で、このわずかなオンライン体験で得た会話（等話）の感覚を、普段の日常会話にも活かしてみようという気持ちが明確に現れていたことです。今や私たちは、**両生類的人類**として、現実空間とデジタル空間を自由に行き来する時代を歩んでいます（本書6章）。オンラインでの会話交流は、日常の現実空間での会話のあり方を見つめ直す体験学習にもなるのです。

### ④世代間の互恵関係

今回のオンライン会話交流のもう一つのテーマは、この少子高齢時代に、異なる世代同士がどのように世代間の「互恵関係」（思いやりの相互関係）を育んでいけばいいのかという点にありました。世代間の問題は、「生涯教育」を提唱したポール・ラングランもすでに五〇年前に提起している歴史的なテーマですが（本書一五九－一六一頁）、この問題はある意味、人間の成長過程に関わる本質的な問題なのでしょう。なぜなら、同じ「今」を生きている者同士でも、「自分」や「自分を取り巻く環境」のとらえ方は、各世代によって当然異なってくるからです。

大学生世代は、これからの長い人生を自分で描いていく、スタートラインとしての「今」を生きています。一方、シニア世代の方々は、長い人生におけるさまざまな思い出や経験知を支えにしながら、それぞれの「今」を生きています。そのこと自体は今も昔も同じですが、特に、技術革新がめまぐるしい今日では、シニア世代が身につけてきた技術は大学生にはすでに不要なものとなり、大学生世代がこれから身につけなければならない新たな技術はシニア世代にはわからない（使えない）、という意味での世代間ギャップも問題となっています（私もそうです）。しかし、大学生にとっても将来は同じ状況になります。一五年後には現在の大学生世代が学んでいないITスキルを現在の小学生世代が身につけ、新世代として登場するのですから。これは世代間ギャップの一例ですが、いずれにしても、世代交代はそのようにして繰り返してきています。そういう中で、これから社会を歩み出す大学生と、社会経験を積んだシニア世代は、どのように互恵関係を育んでいくことができるでしょうか？

考えてみると、「駄菓子屋」と呼ばれる店のおばあちゃんと小学生との交流（本書2章）も、おばあちゃんは元気でいる限りその店のおばあちゃんであり続けるでしょうが、小学生の子どもは中学生になり、高校生になっていきます。中学生にもなれば勉強や部活動に忙しくなり、興味・関心も変わり、駄菓子屋通いはなくなっていくことでしょう。子どもにとっての「今」の場所は、どんどん変化していきます。しかし、あの時、あの店で経験したおばあちゃんとの楽しいひとときは、その子のその後の成長過程の中で、かけがえのない滋養になっているとも想像できます。

一九八八年に公開されたイタリア映画『ニュー・シネマ・パラダイス』(ジュゼッペ・トルナトーレ監督)は、シチリア島のとある村を舞台に、映画技師アルフレードと近所の幼い子どもトトとの心温まる交流を、その後のトトの成長過程とともに描いた愛情物語です。青年になったトトにアルフレードが、「若く、前途洋々なのだから、村を出て帰ってくるな。お前のうわさを聞きたい」と言い聞かせる場面があります。それぞれの世代は生きる世界が違うのだということを言っているのでしょう(「地方創生」が言われる現在の日本ならば、「若く、頼りにしているのだから、村に残って、どこにも行かないでほしい。お前の仕事ぶりを見たい」と願われるかもしれませんが)。しかし、アルフレードのことばにはもう一つ、親元から羽ばたいていくのを怖がる雛に語りかけるような、若い世代へのエールの気持ちも感じられます。トトはその後ローマで映画監督として成功します。

この映画に描かれた青年トトのように、今回の三人の学生も、シニア世代と交わしたオンライン会話の経験が、今後の成長過程の中でかけがえのないものになっていくかもしれません。三人には何年か後に、「オンライン授業をしたあの時の経験は、今のあなたに何か活かされているかな?」と、問いかけてみたいものだと思っています。

前章で紹介したシニア世代の渡辺信也さんの作文にも、学生同様、一種の自己変容の学びが記されていました。先に私は、「シニア世代は、他世代とどのように互恵関係を育んでいくことができるか」と提起しましたが、渡辺さんの作文は、まさにそれへの回答そのものであるように思われます。ここであらためて、15章（一六一頁）で紹介したラングランの文章を引用します。渡辺さんの学びは、ラングランの言う「道」のように私には感じられました。

「大人は、好ましい注意を手に入れることを望みうるためには、常に学習し進歩し、自分自身についてあるいは自分の知識や経験について絶えず反省するという代価を支払わなければならない。このことが、対話を再建し、生き生きと保つための**唯一の道**であるように思われる。」（前掲『生涯教育入門』五四頁）

世代間の互恵関係は、どちらも互いに自己変容していくことによって育まれていく――このことは、教員としての私が学生との互恵関係を育むために、また、親としての私が子どもとの互恵関係を育むために、私自身も自己変容していかねばならないことを思い至らせてくれます。

### ⑤活動を起こす学び

私が試みている「**だがしや楽校**」（本書一七頁）や「おしゃべり楽校」は、まずは参加者それぞれが自分なりに参加体験してみて、その体験をヒントに、今度は体験者自身が自分から「新たな活動」を作り出していくことを願って始めました。ここで言う「新たな活動」とは、世の中でなされているさまざまな創造活動と同じようなイメージです。

多くの創造活動の始まりを見ると、役所の事業計画のように目的や計画を最初から詳細に決めて開始するということはほとんどありません。誰かが自分の興味・関心に従ってまずは体験してみる、試行錯誤してみる、その過程で共感者や協力者が現れる…、それが始まりのようです。

一方、私たちを取り巻く消費社会を見渡すと、自ら工夫をしなくても、私たちの暮らしが「より便利に」なるような一方通行型のサービスにあふれています（本書5章）。そして、私たちはますますそれを受け取るだけで満足するような環境に慣らされています（「便利さ」を意味する英語は、「コンビニエンスconvenience」です）。学ぶこともまた、先生や誰かが用意してくれるものを待っているのが普通になっています。そして、学ぶ側は「さらにより便利に」学ぶことを要求していきます。

私たちは、不便と感じれば工夫しようと努めますが、始めから便利な状況を与えられ、またそれを求めてばかりいると、そうした努力はしなくなるものです。工夫することをやめれば、何か困難なことが生じた時、それを乗り越えようとしたり、誰かに助けを求めようとしたりする、人間本来に備わる自己体験・創造活動能力が退化、麻痺してしまうことだって起こり得ます。だからこそ、自分から活動を起こしていこうとする学びのあり方が求められるのだとも言えます。誰かが教えてくれるまで座って待っている必要はありませんし、誰かが手助けしてくれるまでじっと我慢している必要もないのです。受け身ではなく、自分から考え、行動し、何かを始めてみる。小さなことから一つひとつ自己体験し、創造的な活動を試みてみることです。

その意味で、多くの幼児教育や保育の先生が言うように、子どもの遊び（＝自己体験・創造活動）は、子どもにとって大切な学習であり、それゆえに、幼稚園や保育園では遊びの時間が積極的に設けられているのでしょう。ところが、その「遊びによる学び」が、学校教育に入ると、突然「文字による学び」に取って代わられ、「学習の断絶」が引き起こされているように感じられます。かつては放課後世界に自由な遊び（＝学び）の時間がありましたが、今は学校教育の延長上の塾通いです（放課後世界の変容については、小著『駄菓子屋楽校』の中でさまざまな側面から検証しました）。

ましてや、「文字からの学び」に慣らされた大人たちにとって、「遊びからの学び」を通じた創造活動（子どもの遊びの延長上の活動）の掘り起こしは、まだまだ未開拓の領域と言えます。人生時間が長くなる中、その掘り起こしは、あらためて重要なものになることでしょう。とはいえ、自分で何か新しい活動を起こすというのは、誰にとっても勇気がいることです。けれども、一人ではなく、共感者や協力者と一緒なら、きっとチャレンジすることができるのではないでしょうか。

今回の「おしゃべり楽校」に参加した皆さんが、この体験から次にどんな活動を生み出していくのか、楽しみです。

# 18 あなたもコーディネーター

今回の「**オンラインおしゃべり楽校**」の実験では、もう一つ重要なことにあらためて気づかされました。それは、「コーディネーター」の存在と役割についてです。

「オンラインおしゃべり楽校」は、先にご紹介したように、長野県シニア大学の三人の職員の皆さん（戸田千登美さん、斉藤むつみさん、仲村三枝子さん）がコーディネーター役を務めてくださったおかげで実現しました。三人とも日頃の仕事の肩書きもコーディネーターです。

コーディネーターということばは、ボランティア・コーディネーターや地域コーディネーターなど、今日ではあちらこちらでよく耳にするようになっています。「調整役」や「つなぎ役」などと、一般には了解されていますね。昔のことばですと「お世話役」でしょうか（そう言えば、「近所のお世話役」ということばは最近とんと聞かれなくなりました）。

「コーディネート」(coordinate)と「コーディネーター」(coordinater)を英和辞書で調べてみました(図19)。コーディネーター(調整者)という語は、「(一系統の各部を)統制的[調和的]に働かせる」「(さまざまな要素を)調整する」という意味を持つ動詞のコーディネートからきているようです。また、コーディネートという動詞には、右のような他動詞としてだけでなく、自分が「調和的に働く」「整合する」という自動詞としても使われているようです。

図19　coordinate, coordinater の意味

Coordinate：[他動詞]（一系統の各部を）統制的［調和的］に働かせる
（さまざまな要素を）調整する、調和させる
対等（関係）にする、同等にする
[自動詞] 調和的に働く、整合する
対等（関係）になる、同等になる
[名詞] コーディネート（衣服［…］など）、同等のもの
[形容詞] 同格の、同等の、整合的な

Coordinator：[名詞] 同格にするもの［人］、一致整合するもの［人］
調整者、コーディネーター

出所：『新英和大辞典　第六版』(研究社、2002年)

先に、私はこう述べました。相手に問いかけることで相手の考えを「引き出す」ソクラテス役(「産婆役」)は、どちらか一方が担うものではなく、「等話」の関係の中で互いに担い合うべきものではないかと(本書11章「どちらもソクラテス」)。それと同じように、人をつなぐお世話役、コーディネーター役も、本質的には誰もが互いに担い合う性質のものなのかもしれません(言わば「どちらもコーディネーター」)。「人と人が協力し合ってともに生きていく」には、互いに調和を図り合う「**相互行為**」が不可欠です。英語の動詞コーディネートの意味に、他動詞(「人に調和

を働きかける」）と自動詞（「自分自身が調和的になる」）の両方があるのは、そもそも一人の人間の中にはその両面が内在していることを示しているように思われます。つまり、人は誰でも、「他者のためにするコーディネート」と「自分がなるコーディネート」の両面を自分の中に持ち合わせているということです。それを持ち合わせているからこそ、人は自分と考えや意見の異なる他者とも柔らかくつながり合うことができるのでしょう。

さらに、英語のコーディネートには、「対等（関係）にする」「同等にする」［他動詞］、「対等（関係）になる」「同等になる」［自動詞］という意味もあります。この意味からすれば、コーディネーターの役割とは、他動詞的には「人と人を平等な関係にすること」、自動詞的には「自らも人と平等な関係を作っていくこと」であると言えそうです。そうした自他の二つのコーディネートを誰もが行ってこそ、人は互いにさまざまな活動を生み出し合えるのだと、私も気づきました。

そのように考えると、コーディネーターを仕事としている方の実践知を学ぶこともまた、「平等な会話＝等話」を実践していくにあたっては重要な学びになります。

今回の「オンラインおしゃべり楽校」をコーディネートしてくれた三人の方々にも作文を寄せていただきました。他者の関係をコーディネートする中で、自らと他者の関係もコーディネートしているこの三人の実践者たちから、私たちは何を学べるでしょうか。

## 松田ゼミとの「おしゃべり楽校」から広がる可能性に感謝です

長野県長寿社会開発センター長野支部社会活動推進員　仲村三枝子

二〇二〇年度の長野県シニア大学は、新型コロナウイルス感染拡大防止のために休校となりました。そのような折り、シニア大学専門コースの共通講座で講師をされている松田先生から、松田ゼミとオンラインによる「おしゃべり楽校」（学生さんとの会話交流）の提案をいただき、私どもと共同企画を組むことになりました。

まず、長野県長寿社会開発センターから、シニア大学専門コースＯＢ（「地域プロデューサー」として地元で活動しているアクティブシニアの方々）七六名と同専門コース今年度受講予定者三一名の皆さんに、今回の企画目的（①コロナ禍の自粛生活の中でオンライン会話交流を体験してみること、②この体験を今後の新しい学習方法として取り入れるきっかけにしてみること）を知らせる募集案内を送りました。

また、案内には、松田先生から出された参加条件（①パソコンで文字を打てること、②オンラインを利用できる環境があること、③松田ゼミの趣旨に関心があり、一回でも参加可能であること）を記した上で、参加希望者の方にはご自身のＩＴ環境を次の三つの項でお尋ねしました。

Ａ　パソコンがあり、オンラインの環境が整っている方。
Ｂ　パソコンはあるが、これからオンラインの環境を整えようとしている方。
Ｃ　パソコン、オンラインの環境はないが、ぜひ参加をしてみたい方。
募集の結果、参加希望者は専門コースＯＢ九名、専門コース受講予定者六名の計一五名となり（その後徐々に増え、最終的には三四名が参加）、このうち、すぐに参加可能なＡの方は二名（オンライン会話の経験者）、Ｂの方は一二名、Ｃの方は一名であることがわかりました。そこで、Ａ以外の一三名の方々は、オンライン会話アプリ、Ｚｏｏｍの使い方の練習から始めることになりました。

その一人、電話で参加申し込みをされたＴさんは、この時、「これからパソコンのアドレスを作ってメールを送ります」と話されました。二週間後、Ｔさんから「Ｚｏｏｍでのオンラインゼミについて。初めてメールを送ります。二週間程のごぶさた本当にすみませんでした。自分ができるかどうかこれから挑戦です。いろいろ教えてください」とのメールが届きました。

その後、Ｔさんとは本番まで七、八回、電話を通じてメールとＺｏｏｍの操作についてやりとりを重ねました。メールに文章を添付する操作がどうしてもできないという電話をいただいた時には三〇分ほど説明しましたが、うまく伝え切れず、ご本人からは「なぜできないのか。もう歳だから覚えられなくて、…」と、電話が切れてしまったこともありました。結局、メールに添付していただく予定だった「事前自己紹介文」はＦＡＸで送ってもらい、本番を迎えることになりました。

それがなんと！　オンラインゼミが無事終了した後の「ふり返り作文」は、添付メールで届いたのです。ご自身で操作ができたというメッセージも記されていました。私は、Tさんが遭遇したいろいろな体験の瞬間に立ち合わせていただきました。その方は御年八〇歳です。

「松田ゼミおしゃべり楽校」は、回を重ねるごとに進化していきました。「事前自己紹介文」の内容も、松田先生からの提案で、ある回からは「昭和の思い出」や「おしゃべりの思い出」といったテーマで書いていただくようになりました〔本書5章および9章に一部掲載〕。

私宛てのメールアドレスに届く皆さんからの「昭和の思い出」や「おしゃべりの思い出」に目を通させていただくうち、私自身の思い出もふう〜と蘇ってきました。

小学校の通学路の、畑の一本道の横にある玉ねぎ小屋。長屋のように並んだ二階建てアパート前の、コンクリートの路面に描かれた白いチョークの跡。そのアパート横に広がる草だらけのグランドで遊んだかくれんぼ…。血の巡りがよくなり、脳が柔らかくなったと感じるくらいの心地よさを味わいました。そういう原風景の中で飛び交うおばちゃんたちのおしゃべりと団欒の記憶は、虹色で、それも温かいものでした。皆さんもこんなふうに思い出しながら書いているのかしら。

「おしゃべり楽校」の特徴は、「等話」（平等な会話）です。私自身も参加し、体験しました。「お互いの話す時間が平等に、半分ずつになるように心がける」「短く話して、話の最後に問いかける」「応答を繰り返して会話のキャッチボールを楽しむ」。私の相手はどうだったのかな？　自分自身は楽しめたかな？

シニアの参加者の皆さんからは、次のような声が聞かれました。「おしゃべりはちょっと苦手。でも、チャレンジして、世代の違う人と話す良い機会になった」「等話を知って、おしゃべりに自信が持てるようになった」「オンラインでは、対面以上に等話・平等を意識できた」「相手に問いかけ等話する。しゃべる勉強になった」「こんなに『おしゃべり』を意識的に行うことはなかった。『問いかけ』は相手への思いやり、優しさだ」などなど。「等話」という約束事を共有していたからこその声だと思います。一度に自分だけ全部を話すのではなく、「短く話して問いかける」という等話が日常的にも交わされるようになれば、普段は「何でもない会話」「何気ない会話」と思っているおしゃべりが、「はずむ会話」へと変貌していく予感さえします。

事後の「ふり返り作文」では、書くこと（作文）についても以下のような感想が寄せられました。「しゃべること（会話）、書くこと（作文）の両方を行うことに意味があった」「あらためて共感。自分の心の整理に。書き残すことはすばらしい」「書くことで考えを深められた」「ただしゃべっていると、言いたいことも忘れてしまう。作文もただ書くだけでは同じ。要は聴き手、読み手のことを思うこと。訓練が大事」。

「オンラインおしゃべり楽校」を継続してほしいというリクエストもありました。「テーマを立てて一か月に一回ぐらい、定例でしたい」「専門コースの仲間とやりたい」、あるいは「グループ同士でオンライン会話ができるかもしれない」「シニアの居場所であるサロンなどにパソコンを設置すれば、お互いに教え合える」『オンライン会話を通じて、シニアを社会に引っ張り出そう！』、といった企画をしたい」「スマホにオンライン通話アプリを入れて、会話の輪を広げたい」などなど、新たな提案とともに、どんどんシニアの方々の夢がふくらんでいく様子を肌で感じ取ることができました。

最近では、シニアの方々ご自身がホスト役となって、オンライン会話の企画・運営をしたり、友人にオンライン会話アプリの使い方を教えたりと、自分でできることを積極的に見つけ始めています。このコロナ禍だからこそ、まずはやってみようという感じです。

「オンラインおしゃべり楽校」のおもしろさは、地域や職業などに関係なく、また世代を超えて交流できることです。しかも、こうしたネット上の経験は、日頃の防災や見守りのツールとしても活用できそうですし、いざ災害が起きた時にも役立つことでしょう。

「おしゃべり楽校」の参加者から最近いただいたメールを、最後に紹介します。

「今朝も新たに若手が一人、Ｚｏｏｍ仲間になりました。先日はネット環境が整わないメンバーがわが家に来てＺｏｏｍ体験をしました。画面上でつながると、その新鮮さに誰もが感動するので、近頃はそれが私の快感です!!　さっそく皆で書類を画面共有し、読み合わせをする試みにも挑戦しました。離れているのに同じ場所にいるような錯覚を味わう一方で、タイムラグもおもしろい発見でした！　仲間の皆が当たり前につながるようになるまでには、まだまだ課題山積ですが、このコロナ禍で活動を模索中の私たちにとって、オンラインは新たな原動力になりそうな気がしています。これまで無縁と思っていたオンライン交流でしたが、思いのほか簡単に体験でき、その気になれば、たとえ寝たきりになってもコミュニティ活動に参加できることがわかりました。そう思うと、私たちの世代が抱える問題（孤独や介護孤立など）の打開策としても、このオンライン会話交流は一石となり得る気がします。機会があったら、さらに新たな方々とつながってみたいです！」

## 「おしゃべり楽校」から学ぶ

長野県長寿社会開発センター長野支部シニア活動推進コーディネーター　斉藤むつみ

まず始めに、松田先生、ゼミの学生の皆さん、参加されたシニアの皆さんに、私自身この学びに関われたことを感謝します。若者たちとシニア世代がおしゃべりで時間を分かち合い、互いの気づきや内にある想いをふり返って文字にして、さらに学び合うという、深い学習でした。学生さんの作文にあった「明日につながる貴重な時間だった」という感想、まさに同感です。

これまで私たち［シニア活動推進コーディネーター］は、心とカラダが健康であるためにも、誰かと出会い、おしゃべりすることを地域の方々に勧め、孤立を防ごうとしてきましたが、このコロナ禍で気軽に外出して集うことが難しくなりました。この変化にどう対処したらよいのか、先も見えないし、正解もわかりませんが、「今こそ何ができるか」という気持ちで模索を続けています。

そこで最近始めたのが、長野県内各地のシニア活動推進コーディネーターに呼びかけたオンライン情報交換会です。お互いに身の回りの現在の状況を報告し合い、聴き合うことで、ともに現状に向き合っている姿を互いに確認できれば、皆心強くなるのではと考えたのです。

ホストとしてこの情報交換会を進行する際に私が心がけたのが、今回学んだ等話です。それぞれが等話を通じてリズミカルで心地よい会話ができたなら、もっと話したい、もっと聴きたいという気持ちが参加者の間に広がり、お互いの関係もいっそう深まると思ったからです。そうなるためには、自己完結でなく、自分の話を中途半端にしてでも相手に話のボールを投げ、ともにこの場を作ろうという気持ちを大切にする「おしゃべりの心がけ」が必要です。この等話の心がけは、自分自身を知るためにも必要な「心がけ」です。そのことに、誰よりも私自身、気づくことができました。

今回の「おしゃべり楽校」で松田先生から「おしゃべりを意識する」というテーマをいただくまでは、人と話す、おしゃべりすることについて、こんなに深く考えたことはありません。ことばを覚えた幼少期から現在まで、おしゃべりは、何気なく自然に行ってきた行為なのですから。

私は今まで、相手の方と「話が続かない、弾まないな」と感じることがありました。ずっと理由を見つけられないまま、もがいていました。それが今回、松田先生の問いかけから、自分の癖《くせ》に気づくことができました。私には、「○○と感じました」「△△だと思います」ということばで話を終える癖があったのです。自分では、そのことばの裏に、「皆さんはどうでしょうか？」というニュアンスが自然に含まれていると勝手に思い込んでいたのかもしれません（相手もそう感じてくれるはずだと）。つまり、ボールを受け手に届けようと心がけてはいなかったのです。話が続かない原因は相手にあるとすら思っていたかもしれません。ボールが相手にキャッチされなければ、会話はそこでストップします。等話を意識して行えば、私がこのような気づきを得たように、他の人たちも、日頃の自分の会話を見つめ直すことができるかもしれませんね。

［…］先日のオンライン会議で、「○○さんはどうでしょうか？」と、話の最後に「問いかけることば」を添えてみました。すると、「そうですね、私は…」と、受け手の方もスムーズにことばを返してくれました。癖の修正には当面意識的な訓練が必要でしょう。日常の何気ない会話でも、この等話を意識して、目の前の人と、ともに楽しい時間を持てるようになりたいと思っています。

「若者とのおしゃべり楽校体験はどうでしたか？」との私の質問に、シニア大生の方々からはさまざまな感想が寄せられました。感じたこと、気づいたことは三者三様でした。だからこそ、学び合うことのおもしろさ、大切さがあるのだと気づかされました。あるシニア大生の方の作文には、「実際に若者たちと話せたことで、『今どきの若者』と一括《くく》りに評価してしまうこともなくなった」と書かれていました。世代間の意見や考え方は同じでないとしても、異なる世代が一つの場（今回はパソコンの画面）に集い、互いに「学び合う仲間」「平等な相手」として感じ合えたことが、そうした変化につながったのではないでしょうか。

オンラインという初めての経験に、「大変だ！」と思うのではなく、むしろ楽しむくらいの柔軟さを持つシニアの姿に、また、新たに学べたことを素直に喜び、今日の出会いと自身の成長に感謝するシニアの姿に、三人の学生さんたちだけでなく、他のシニアの方々も、「ああいう歳の重ね方をしたいね」と感じたことでしょう。

コロナの影響は残念なことばかりではないようです。「おしゃべり楽校」に参加されたシニアの方々にとっては、これまで難しかったはずのオンラインでのやりとりが身近なものになり、遠くに住む人とも気軽に瞬時に顔を合わせることができるようになりました。「ゲームやSNSばっかりして」と頭ごなしに若者世代を批判するのではなく、シニア世代も積極的にITを利用し、世代間交流を行えるようになれば、きっとそれはすばらしいことでしょう。現在、私たちシニア大学でも、シニアの皆さんと一緒になって、IT活用のための学習会を検討しているところです。

コロナ禍の中、またコロナ禍後も、予期せぬさまざまな困難や課題が生まれることでしょう。私たち「シニア活動推進コーディネーター」自身、これらに少しでも対処できる力を身につけていく必要があります。そのためには、今回の松田ゼミとの交流のように、多様なグループ・団体・組織な

ど と連携して、地域の人たちがともに笑顔で学び合える場や環境を提供していくことが大切です。それが私たちシニア活動推進コーディネーターの黒子的な役割ではないかと考えています。そこから、これまでにない新たな化学反応が起きることを、ワクワクしながら期待しつつ。

# 「おしゃべり楽校」を終えて

長野県長寿社会開発センター主任コーディネーター　戸田千登美

## 1　おしゃべりの力

「おしゃべり楽校」を終えて、社協（社会福祉協議会）時代に私がコーディネートした時の事例を思い出した。

それは特別支援学校高等部分室からの相談だった。同分室は、就労に向けてのキャリア教育を目指すことをうたい、少人数制の高等学校として設立された。設立後三、四年経った頃、主任の先生が相談に来られた。生徒たちを見ていると、仕事上で身につけるべき作業のスキルや技術などの習得は心配なく、就職採用に結びつくのだが、就職後、職場内でのコミュニケーションがうまくいかず、退職したり、悩んでしまう卒業生が多く、卒業後相談に来る若者たちのコミュニケーション力が課題になっている、とのことだった。

先生からの相談内容は、「学校内で身につけられる力には限りがあり、コミュニケーションのような対人関係の力を身につけるには、**外**に出て学ぶ環境が必要だと感じている。高齢者の方々の力を貸してもらえないだろうか」というものだった。ここで言う「外」とは、日常的な普通の会話ができるような場のことであったと記憶している。

長野市内には老人福祉センターが複数ある。各センターの所長さんたちから理解と賛同を得て、生徒二人ずつが、本人の住む地域に近いセンターに定期的に通うことになった。それらのセンターは普段から各種講座の会場としても利用されており、そうした催し物がある時には、地域の元気な高齢者の方々が、受付や会場設営、終了後の反省会（お茶飲み会）などの準備を当番制で担っている。そこで、こうした高齢者の方々の活動に生徒たちが参加・協力する継続的な体験プログラムを企画することになった。高齢者の方々とおしゃべりしながら作業をしたり、時には職員さんの手伝いもしながら、一日をセンターで過ごすというプログラムである。

事後、先生からは、「この体験によって生徒たちがとても変化し、主体的になりました」との報告をいただいた。初年度の同プログラム終了後に生徒たちが書いた「ふり返り作文」には、次のようなものがあった。

「老人福祉センター最後の日、所長さんから言葉をかけられました。『社会に出るといろいろなことがある。つらいこともある。俺も含め、このセンターの人たちは○○君の応援団だ。卒業しても、何かあってもなくても、いつでも遊びに来いよ。』」

気軽なおしゃべりが多少なりともできるようになり、信じられる大人ができたことで、この生徒はその出会いと経験を、少しでも「自分への自信」と「楽に生きること」につなげることができたのではないだろうか。その後、会うたびに生徒たちの表情は明るくなり、無口だった生徒も口数が増えていったことを記憶している。プログラムは今も継続しているようだ。

## 2 「昭和の思い出」から気づいたこと

「おしゃべり楽校」に参加したシニアの方々には、「昭和の思い出」をテーマとする作文（事前自己紹介文）を書いていただいた。私も幼少期を思い出してみた。商店街で育った私の周りには、駄菓子屋、家具屋、電気屋、漆器屋、手芸店等々、商売を営む家々がたくさんあった。幼なじみの家が営む駄菓子屋には、その子の祖母がいつもニコニコしながら店番をしていた。

店の横には四畳半ほどの部屋があり、こたつでお茶飲みする大人たちの間に座って、折り紙をしたり、あやとりをしたりする時間がどれほど楽しかったか、どれほど心地よい気分でその場にいたか、今思い出しても幸せな気持ちになれる。回覧板を届けてはお駄賃をもらい、おしゃべりして帰ってくることも、楽しい思い出の一つとなっている。

多くの大人たちに囲まれ、他愛もないおしゃべりをした思い出が今もよみがえる。話した内容など何も覚えていないが、大人たちに温かく見守られていた感覚だけは今も残っている。この時のおしゃべりとみんなの笑顔が、今の私を支えるエネルギーにつながっているのだと、松田先生の『駄菓子屋楽校』という本に出合い、気づかされた。幼少期の思い出のありがたさについて、もう少し掘り下げて考えてみると、私が安心して地域にとび込むことができたのは、親が近隣の人たちと良い関係を築いてきたからだろう。そう思うと、親にも感謝したい。心地よく生きる土台を作るには人との関係性がいかに大事であるか。このことを私も「昭和の思い出」を通じてあらためて考えることができた。

### 3 「おしゃべり楽校」のコーディネート

「おしゃべり楽校」の企画は、地域のさまざまな団体・組織がコロナ禍という予期せぬ事態の中で何とか前へ進もうと模索している時、松田先生による思いもよらぬ手法や発想がきっかけとなってトライアルしたものだ。

コロナ禍の課題に向き合いつつ、人々の暮らしと健康を守る地域づくり本来の目的に向かっていくためには、今回の取り組みがそうであったように、一つの団体・組織の力だけでは限界がある。それ共通の課題を持つ団体・組織・個人が対等に連携し、解決策を見つけ出していく必要がある。それを見つけ出すには、そのための環境づくりを担うコーディネーターの役割が大切になると考えている。松田ゼミと速やかに連携ができたのは、日頃からの関係づくりを通じて、それぞれが目指す方向に、互いに共感し合えていたからではないだろうか。さまざまな団体・組織・個人と日頃からつながり、理解を深め合うことの重要性を、私自身、今回の企画で再確認することができた。

「おしゃべり楽校」の実施にあたっては、松田先生との打ち合わせをもとに、まずはシニアの皆さんにこの企画の主旨を丁寧に説明し、理解してもらうことが求められた。また、ＩＴから一番遠いところにいるであろうその皆さんに対して、テクニカルな面でのサポートをどれだけできるかも課題であった。丁寧なコーディネートが色々な面で必要とされたが、これによってシニアの皆さんとの関係性も、よりいっそう深め合えることができたと感じている。

今回の取り組みを成功裡に実施できたのは、コーディネート力を持つ専門コース専任担当者（仲村さん）の存在が非常に大きかったと実感している。私自身、これから目指すべき社会像を皆で作り上げていくために、また、シニアの方々の生き方や暮らし方をサポートしていくために、コーディネーターとしての役割とは何かをあらためて考える機会となった。

「おしゃべり楽校」は、回を重ねるごとに、松田先生の発想・着想や、参加者の方々の気づきによって、その内容も柔軟に変化していった。こうした柔軟さも、参加者の方々の主体性を引き出すための重要なコーディネートの一つであることを、今回の取り組みから学ぶことができた。

## 4　これからも

対話と等話を意識することは、「今、ここ」で目の前にいる人を大事にすることだとわかった。

これからも、対話と等話を大切にするコーディネーターとして、世代や職種などさまざまな違いを超えた出会いの場、出会いの機会を、多くの協力者の方々とともに作り出していきたいと考えている。私にとって今回の試みは、まさに、若者とシニアが出会う継続的なプログラムの必要性とその魅力を教えてくれるものとなった。

それにしても、そもそも私たちを取り巻く現代の社会は、おしゃべりをするゆとりある環境と言えるだろうか。そのことをあらためて問いたい。

## 5　想いのキーワード

変化するプロセスを理解していく力。変化することへの喜び。目指す社会像を持つ。課題解決に向けたコーディネートの工夫。そこに向けてのプログラム開発と柔軟な対応。人をおもしろがる。その人に関心を持つ。どうなるかわからないことへのわくわく感。予期せぬことに出合うことから身につく力。他者から学ぶもの。互いの生き方を照らし合わせて自分の生き方を考える。素直さ。自分ごとに置き換えられる当事者性の獲得。

# 19 長生きすることはいいことか?

本書では何度か、「健康長寿社会」「人生一〇〇年時代」などのキーワードを用いて、人生時間が長くなる中での私たちの生き方、社会のあり方について考えてきました。それは特に、「平等な会話＝等話」という本書のテーマが、「駄菓子屋」（子どもたちがそう呼んでいる店）のおばあちゃんと子どもとの交流を見つめる中から浮かび上がってきたということにも関係しています（本書2章）。

長生きすることは、現在の高齢者ばかりでなく、現役世代のあなたにも、若いあなたにも、誰にとっても、未来の自分と周囲に切実に関わる事柄です。しかも、私たちの時代の「長生き」は、五〇年前なら、ここまで相当数の割合で人が長生きするとは思われなかったほどの長生きなので、人類社会にとってはまったく初めての状況になっています。つまり、どのように長生きしたらいいのか、また長生きによってどのような影響が周囲や社会に生じるのか、見本がないので、私たちは自分たちでその答えを見つけ出し、次世代に伝えていかなければならない立場にいるということです。

こうした時代において、年長者は年少者にどのように接していけばいいのか、これについては、10章と13章で「等話」の視点から述べ、また15章で世代間交流の取り戻しの視点から述べてきましたが、本章ではもう一つ別の視点、つまり、「年長者として生きること」それ自体の学びの方法という視点から、私が生涯学習の現場で試みている実践を交えながら提起してみます。

一般に、「健康長寿社会」や「人生一〇〇年時代」などの呼び名は、「長生きすることはいいことだ」といったイメージを前提に語られることが多いのではないでしょうか。あなたも、長生きできる時代に生まれてきて幸せだと思っていることでしょう。

では、あらためて考えてみてください。長生きすることは本当にいいことなのでしょうか？　世界的ベストセラー『サピエンス全史』（上・下、柴田裕之訳、河出書房新社、二〇一六年）の著者で、イスラエルの歴史学者であるユヴァル・ノア・ハラリは、『ホモ・デウス』（上・下、柴田裕之訳、河出書房新社、二〇一八年）の中で、テクノロジーの進歩による超長寿社会の未来を次のように描いています。


「［…］それに、人々は六五歳で引退することもなければ、斬新なアイデアや大志を抱いた新世代に道を譲ることもないだろう。物理学者のマックス・プランク［ドイツの理論物理学者、一八五八－一九四七年］は、科学は葬式のたびに進歩するという有名な言葉を残した。ある世代が死に絶えたときにようやく、新しい理論が古い理論を根絶やしにする機会が巡ってくるという意味だ。これが当てはまるのは科学だけではない。**ここで少し自分の職場のことを考えてほしい。**あなたが学者だろうが、ジャーナリストだろうが、料理人だろうが、サッカー選手だろうが、上司が一二〇歳で、ヴィクトリアがまだイギリスの女王だった頃に生まれたアイデアにしがみついており、あと二〇年は上司であり続ける可能性が高かったら、どう感じるだろうか？

　政界ではいっそう悲惨な結果になりかねない。たとえば、プーチンにあと九〇年も居座ってほしいだろうか？　いや、よく考えてみると、もし人の寿命が一五〇年だったら、二〇一六年には一三八歳のスターリンが矍鑠《かくしゃく》として依然モスクワで君臨しており、毛沢東主席は初老の一二三歳、エリザベス王女は一二一歳のジョージ六世から王座を引き継ぐのを手をこまねいて待ち続けているはずだ。息子のチャールズに至っては、二〇七六年まで順番が回ってこない。」（同書、上、三九－四〇頁。傍点は原文のもの）

　このような超長寿社会の姿を、あなたの職場や身の周りに当てはめてみたら、あなたはどう思いますか？　私は地域づくりなどをテーマとした会合にも参加することがよくありますが（多くは人口が減って少子高齢が進んでいる地域です）、そうした席ではたいてい、長年その地域の代表をされている方が、「若い世代が参加してくれなくて困っている」と嘆かれます。その時、私はこんな会話をします。

松田「若い人の気持ちは、若い人がわかるでしょうから、若い人に任せてみてはどうでしょうか？」

代表「でも、若い人のなり手がいないんですよ」

松田「本当にいないんですか？」

代表「そうなんです」

松田「でも、来年以降もずっとこのままで、いつかあなたが介護されることになったら、誰も地域の代表がいないことになりますよね」

代表「そうなんですよ。本当に困ったことですよ」

松田「では、若い人のなり手がいないと嘆いても仕方がないので、若い人のなり手を作る会合にしていきましょう」

どんなに能力と人望がある人でも、永遠に代表を務めることはできないので、その人が辞めれば、たとえその人ほどではないとしても、必ず誰か次の世代の人がその役割を引き継がなければなりません。そして、その役割を担う中で、その役割に求められる能力や人望を経験から学び、磨いていくものです。きっと、その人もそうして能力と人望を磨いてきたことでしょう。世代の循環とは、そういうものなのではないでしょうか?

小型の動物でも大型の動物でも、たいていの生き物は平均寿命が決まっています。なぜ決まっているかと言えば、親が長生きすれば、子どもの食べる分まで親が食べてしまい、子どもの成長が阻害されてしまうからです。親の寿命がおよそ決まっているのは、代々子どもが食べて成長し、種《しゅ》が存続していけるようにするためです。

とすれば、現代の人間社会は、この生物界の原則に反し、子どもの成長に必要な食料やお金や社会参加の機会を、長生きしている年長者がいつまでもより多く、自分のために利用し続けているという見方もできます。はたして、それはどうなのでしょうか?

もっと身近なことで考えてみましょう。私はよく、生涯学習の成人講座などで、「あなたは、あなたの身近な年長者にいつまでも元気に、長生きしてほしいと思っていますか? 正直な気持ちはどうですか?」と尋ねます。すると、笑いとともに大半の方々は周囲を見合わせながら、そうは思わないという気持ちを表します(先のハラリ先生の文章に対して私たちが抱く思いと同じでしょう)。

次に、「あなたは元気に長生きしたいですか?」と尋ねます。それには、皆元気に生き生きと、「はい」と答えます。そこで私が、「とすると、あなたは長生きしたい!と思っても、おそらく次の世代の人たちはあなたに、あなたが上の世代に抱いている気持ち(「もう十分でしょう」)と同じような気持ち(「もう十分でしょう」)を抱いているかもしれませんね」と言うと、皆納得します。

私たちは、次の世代（相手）の気持ちにはなかなか目がいかないのです。

昔は「人生五〇年」と言われ、その寿命に見合ったライフサイクルが暗黙に了解されていました。それが今や「人生八〇年」から「人生一〇〇年」と呼ばれる時代になっています。ライフサイクルの変容によって、世代間の思いの違いも、当然昔とはだいぶ異なっているはずです（もし、今後もずっと平均寿命が一〇〇歳で安定すれば、そのもとでのライフサイクルが世代循環として定着するのでしょうが、今はその過渡期にあるのか、それとも、さらに平均寿命が伸び続け、ライフサイクルも変化し続けていくのかはまだ誰にもわかりません）。ですからここでも、「私の思い」と「相手（他世代）の思い」を確かめ合い、共有し合っていく世代間の「平等な会話＝等話」がきわめて大切になります。

私が駄菓子屋の聞き取りに地域をまわっていた一九九〇年代当時、九〇歳で元気に店を営んでいたおばあちゃんに出会いました。その店は、お客さんが腰掛けてくつろげる懐かしい造りで、日用品やお菓子や子どもの駄菓子などを扱っており、近所の人たちの憩いの場となっていました。おばあちゃんにとっても、そこは、毎日の生きがいになっている居場所であることがわかりました。その家には、息子さん夫婦とお孫さんも一緒に住んでいます。

息子さんの奥さん（六〇代）にも話を聞く機会がありました。奥さんは、おばあちゃんとはまた別の思いを持っていて、将来は、近所の子どもたちのために小さな塾を開いて教えたいと語ってくれました。おばあちゃんのお店をそのまま継ぐつもりはないことがわかりました。しかし、そこには、店にやって来る子どもたちに、これからも何かしてあげたいという気持ちが感じ取れました。奥さんのそうした思いは、ご本人にとっても、地域の人たちにとっても、おばあちゃんの店と同じように、大変意義あることでしょう。高齢になっても、人のためになろうとしているのですから。

イギリスの組織論学者リンダ・グラットンとアンドリュー・スコットの共著『ライフ・シフト――一〇〇年時代の人生戦略』（池村千秋訳、東洋経済新報社、二〇一六年）は、人類史上初めて訪れた「人生一〇〇年時代」への対応として、これからは「私自身」が生き方、考え方、働き方を自己学習し、変革していかなければならないと説いています。例えば、多世代が一緒に暮らす時間が長くなるとされる「人生一〇〇年時代」においては、最も身近な家族内のあり方も、試行錯誤して「自力」で見つけ出していく必要があると、次のように述べています。

「インドのようなアジアの国を訪れると、欧米ではめっきり見なくなった家族のあり方に目を見張らされる。子どもと両親と祖父母が一緒に暮らしている家庭が多いのだ。多世代同居を実践しているアジアの友人たちは、その利点をいろいろ語る。たとえば、子どもたちは祖父母と多くの時間を過ごせ、勤労世代は親の支えを頼もしく感じられ、高齢者はみずからが役割をもって貢献できていると実感できる。異世代との触れ合いが寿命を延ばす可能性を示唆する研究結果も増えている。高齢での孤独は寿命を縮める。高齢者が家族のなかで生きることには、確かなメリットがあるのだ。

もちろん、アジアの友人たちは弊害も認めている。プライバシーを確保できないことや、世代間で衝突が起きる場合があることなどがそうだ。

四〇～五〇年前までは、欧米でもアジアのように多世代同居型の家族が当たり前だったが、家族の形態はすっかり変わった。小規模な家族が一般的になったのである。

「人類史上初めて訪れた「人生一〇〇年時代」の対応としては」参考になる前例がほとんどないので、世代間の複雑な関わり方を見いだすために、**多くの実験がおこなわれる**。家族のメンバーの年齢が高くなり、祖父母世代が若々しくなることを受けて、**世代間交流の実験が始まるのだ**。**誰もが最善の振る舞い方を見つけ**、社会学者のアンソニー・ギデンズ［イギリスの社会学者、一九三八年－］の言葉を借りれば、**一人ひとりが日々の行動の指針となる倫理規範を新しく確立しなくてはならない**。家族や親戚の間での役割を決めるときは、それがとくに重要になる。親戚にお金を貸すべきか、父親はどのように振る舞うべきかなど、家族や親戚に対してどのような役割を担うべきかは、昔は伝統によって決まっていた。しかし今後は、**多くの問いの答えを自力で見つけなくてはならない**。」

（同書、三四七－三五〇頁）

「人生一〇〇年時代」の家族はどうあるべきか、父母や祖父母は子や孫にどう接するべきか。これからは「多世代同居型家族」の先行事例を参考にしつつ、誰もが学び直していかなければならないと、グラットン先生らは呼びかけています。たとえあなたが、「自分はすでに子育てをちゃんと終えたのだから、私には関係ない」と言っても、長生きすれば、立場を変えながら家族の一員としての役割はあり、何らかの役割は一生続いていくのです。子から期待される父親、母親の役割を終えても、今度は、孫から期待されるおじいちゃん、おばあちゃんという役割がやって来るのですから。

また、あなたがこれから新たな家庭を築きたいと思っているなら、お互いが愛し合っていればそれでいい、という個人主義的な考えだけでは通用しなくなることもあるでしょう。「人生一〇〇年時代」においては、お互いの親の考え方や性格もよくよく知っておく必要があります。あなた方の親はあなたが今想像する以上に長生きし、あなた方の家庭生活に、ずっと長く、影響を与え続けることになるからです。そして、いずれあなた自身も、今の親や祖父母の立場になれば、あなたと次の世代との関係が、次の世代に影響を与え続けることになるからです。

私は、「駄菓子屋楽校から人生一〇〇年時代の生き方を学ぶ」といったテーマの学習会に招かれることもあります。こうしたテーマでお声がかかるのもまた、アジア的な家族や地域社会（四〇－五〇年前まで欧米や日本にもあった家族や地域社会）に見られる世代間交流の良き面が、今あらためて注目されているからではないかと感じます。その良き面をこれからの長寿社会にどう活かしていくか、そういう潜在的な課題に、まさに現代の日本社会は直面しているのではないでしょうか？

この種のテーマの学習会で私が試みているのは、今しがた引用した『ライフ・シフト』の記述中、

図20　アンケート１「年配者をふり返る」

身近な年配者を思い浮かべながら、あなたは、年配者にどのような姿を望みますか？
また、実際には、その年配者のことをどう感じていますか？
【望むこと】と【実際には】のそれぞれについて、当てはまると思われる項目の記号すべてに○をつけてください。

| 【望むこと】 | 【実際には】 | 回答項目 |
|---|---|---|
| ア | ア | 自分の趣味や好きなことをよくしている。 |
| イ | イ | 自分の健康を大事にしている。 |
| ウ | ウ | 何かできることで働こうとしている。 |
| エ | エ | 他家から家族になってくれた人を大切にしている。 |
| オ | オ | 年下を気づかい、心配りや世話をしてくれている。 |
| カ | カ | 将来の家族の幸せと繁栄を考えてくれている。 |
| キ | キ | 周囲の他者へ思いやりを持ち、行動に表している。 |
| ク | ク | 広く次世代の暮らしや社会を考えてくれている。 |
| ケ | ケ | ためになる人生観や知恵を伝えてくれている。 |

私が太字で強調した部分に関する事柄です。学習会では、私から何か答えのようなものをお話しするのではなく、その場に参加した人たちが「日々の行動の指針となる倫理規範」を「自力」で見つけ出せるよう、また、一人ひとりが「世代間交流の実験」に参加できるよう、実践的な方法による学習を試みています（そこでの私の役割は、スタッフの方々とともに、前章で描いたようなコーディネーター役を務めることです。まだまだですが）。

以下が具体的な実践内容です。まず、図20のアンケート１「年配者をふり返る」を用います。このアンケートのポイントは、あなた自身をふり返るのではなく、あなたの身近な年長者をふり返るというものです。

一〇代の若者も、八〇代の高齢者も、それぞれが身近な年長者を思い浮かべます。そしてアンケートの回答項目欄で該当すると思われるものを、左二列にある「望むこと」と「実際には」の欄の記号に印をつけて示します。すると、大概の人は、「望むこと」と「実際には」の回答に差が出ることに気づきます。そしてそのことに気づくと、その回答内容は、実は若い世代から自分が見られている姿の鏡映《かがみうつ》しであり、また自分自身の課題でもあったことに気づくという仕掛けです。「人への思いみて我がふり直せ」とでも言えるでしょうか。

つまり、このアンケートは、自分の学習課題を「自力」で見つけ出すための手がかりとして活用されているのです。

「望むこと」と「実際には」の差から自分たちの学習課題を見つけ出していくこのアンケート形式は、地域づくりや集団・組織づくりを考える時などにも、いろいろ応用できます。もちろん、回答の内容や傾向は個々の回答者間で皆異なります。ですから、その差異自体が、個人においても、地域においても、集団・組織においても、より具体的な学習課題として浮かび上がると私は考えています。

図21と図22は、二つの地域で取ったアンケートの集計結果です。図21は、長野県上小《じょうしょう》地域（上田市、東御市、長和町、青木村）の各公民館関係者（館長、主事の方々など）を対象とする研修会（二〇一九年）に参加した方々のうち、上田市と東御市の方々が後日記入したアンケートを、上田市中央公民館の小泉文明館長と職員さんたちが回収し、集計してくださったものです。一〇代から八〇代ま

図21　長野県上小地域の集計結果（回答者 301 人）

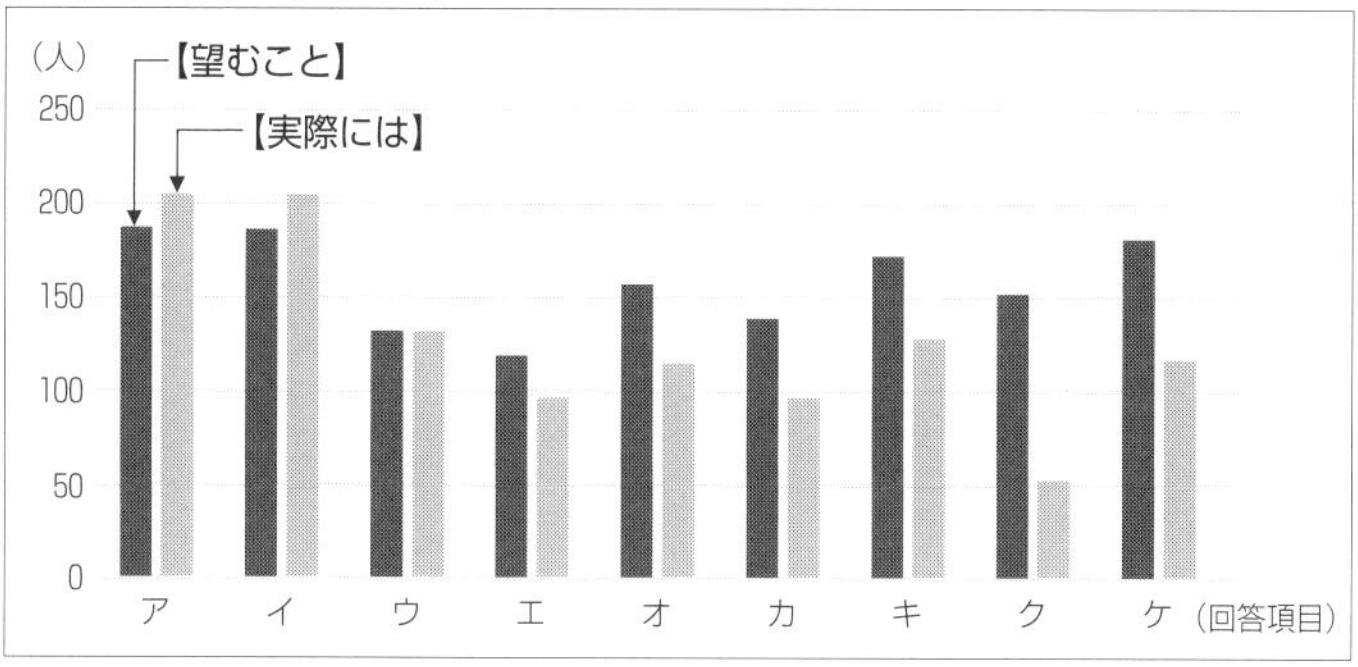


図22　A 町の学習会参加者の集計結果（回答者 10 人）

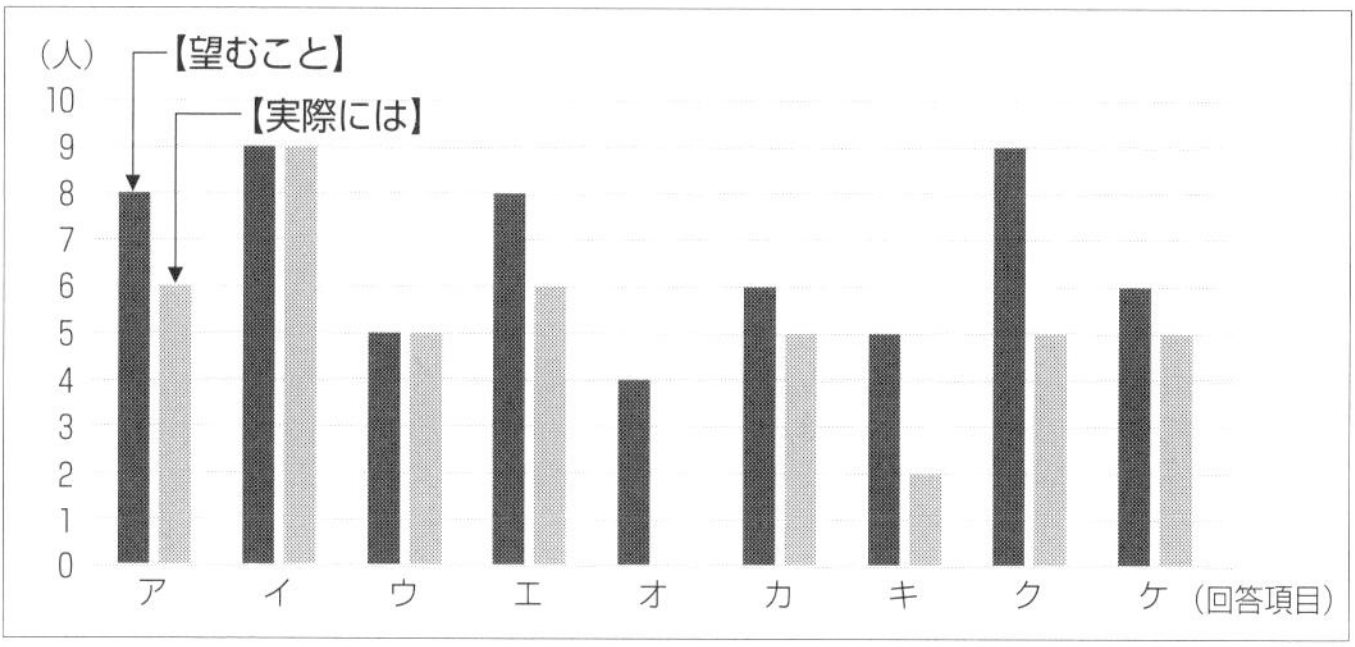


での三〇一人が回答されました（以下、ここでのアンケート対象者を「上小地域」と略記します）。

**図22**は、ある町（A町）の学習会に参加された方々へのアンケートの集計結果です。こちらは参加者が一〇人ほどの少人数でしたので、その場で集計しました。

これら二つの集計結果を見ると、個人としてだけでなく、地域や集団としての学習課題も明らかになります。つまり、「望むこと」に比べて「実際には」の数が少なく、かつ、

図23　上生地域の学習課題

| |
|---|
| 1　次世代の暮らしや社会を考えよう！ |
| 2　次世代に人生観や知恵を伝えよう！ |

図24　A町の学習会参加者の学習課題

| |
|---|
| 1　年下の世話役をしよう！ |
| 2　次世代の暮らしや社会を考えよう！ |
| 3　思いやりを姿に表そう！ |

その差の大きい項目が、その地域や集団の学習課題ということになります。

上小地域のアンケート結果を見てみましょう（図21）。「望むこと」に比べて「実際には」の数が少なく、かつその差が大きいのは、クの「広く次世代の暮らしや社会を考えてくれている」と、ケの「ためになる人生観や知恵を伝えてくれている」です。そこから、図23のような学習課題を作ることができます。キの「周囲の他者へ思いやりを持ち、行動に表している」、オの「年下を気づかい、心配りや世話をしてくれている」、カの「将来の家族の幸せと繁栄を考えてくれている」、エの「他家から家族になってくれた人を大切にしている」の項目にも一定の差が認められるので、これらも地域の学習課題として追加できるでしょう。

A町の学習会参加者（図22）では、オの「年下を気づかい、心配りや世話をしてくれている」（この項目で「実際には」と感じている回答者は誰もいません！）、クの「広く次世代の暮らしや社会を考えてくれている」、キの「周囲の他者へ思いやりを持ち、行動に表している」の項目の差が比較的大きく、そこからA町の学習会参加者の場合は、図24のような学習課題が生まれてきます。

　どちらの地域でもその差が特に大きい項目は、クの「広く次世代の暮らしや社会を考えてくれている」です。それだけ、次世代のことをもっと考えてほしいと思っている方々が多いということなのでしょう。言い換えれば、お互いの思いを汲み取り合える世代間交流が求められているということです。

　一方、どちらの地域でも、アの「自分の趣味や好きなことをよくしている」と、イの「自分の健康を大事にしている」については、十分満たされていると感じられているようです（A町の学習会参加者のアについては、必ずしもそうと断定できませんが、この二つの地域以外で行ったアンケート結果の多くがそうした傾向を示していることから、このように考察しました）。それは、「人生一〇〇年生き生き時代」には最もふさわしい姿の一面であるとも言えるでしょう。ただし、もし地域の公民館などが「個々人の生き生き」に応えようと、趣味や健康の講座ばかりを行っていたとしたら、「お互いの生き生き」を目指す世代間の幸せに関わる学習課題のサポートには、何も取り組んでいないことになります（こちらも「人生一〇〇年生き生き時代」に大いに求められる学習活動であることは、アンケート1から確認できたことと思います）。

　アンケート1「年配者をふり返る」（図20）への回答時間は一五分もあれば十分ですので、同アンケートにはその後、図25（次頁）のアンケート2「自分をふり返る」も付け加えました。図26（次頁）は、先の上小地域の研修会後に回収したアンケート2の集計結果です（集計三〇一人）。回答項目の中で、イの「心がけているつもりでいたが、あらためてそうしていきたい」と、ウの「あまり心がけていな

図25　アンケート2「自分をふり返る」

あなたは、日頃から、自分の育ちやこれまでの自分をふり返り、足りないことをよりよくしようと心がけていますか？　一つ選んで、○で囲んでください。

ア　十分心がけている。

イ　心がけているつもりでいたが、あらためてそうしていきたい。

ウ　あまり心がけていなかったので、そうしていきたい。

エ　心がけていなかったし、これからもそうするつもりはない。

図26　「自分をふり返る」アンケートの集計結果

対象者：長野県上小地域の301人

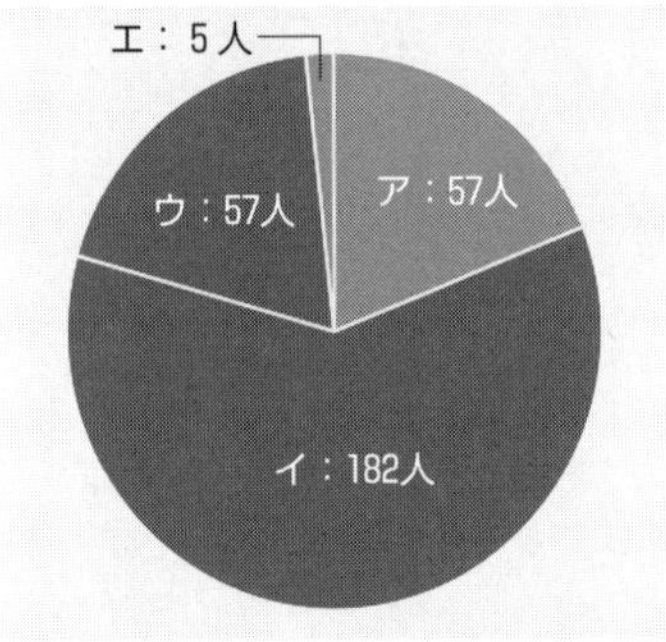


かったので、そうしていきたい」に○印をつけた人たちが、「自分を変化させる学び」に積極的な方々であると言えるでしょう。全体の約八割（二三九人）になります。「年配者のこと」と「自分自身のこと」をふり返るこうした短時間のアンケートに答えるだけでも、「自分を変化させる学び」への意欲を喚起する契機になっていることがわかります。

グラットン先生が言うように、モデルなき「長生き社会」を生きていく私たちすべての世代は、「自分の人生のため」だけでなく、「お互いの人生のため」にも、「多くの実験」を皆で試み合っていかなければならないのでしょう。私が大学の生涯学習論などの授業で試みている「平等な会話＝等話」（本書7章）も、また、

図27　「自分をふり返る」チェックシート

ア　自分の趣味や好きなことをよくしている。
イ　自分の健康を大事にしている。
ウ　何かできることで働こうとしている。
エ　他家から家族になってくれた人を大切にしている。
オ　年下を気づかい、心配りや世話をしている。
カ　将来の家族の幸せと繁栄を考えている。
キ　周囲の他者へ思いやりを持ち、行動に表している。
ク　広く次世代の暮らしや社会を考えている。
ケ　ためになる人生観や知恵を伝えている。

コロナ禍の中で私のゼミ生と長野県のシニア世代の方々が試みた「**オンラインおしゃべり楽校**」（本書16章）も、そうした「実験」の一つと言えます。

こうした「実験」は、何も授業や学習会といった形式を取らなくても、毎日の暮らしの中で、一人ひとりが自分で心がけるだけでも、飛躍的な効果を発揮するだろうと思っています。先のアンケート1「年配者をふり返る」の回答項目は、そのままそっくり、「自分をふり返る」チェックシートにもなるのです（図27）。

私もこのチェックシートを利用して、身近な人とお互いに自分をふり返り、「等話」を活かした「お互いの人生のための生涯学習」を続けていきたいものだと思います（私はまだまだ学習が足りませんので）。

# 20 はぐくみ・はぐくもる社会

本書を終えるにあたり、最後に「平等な会話＝等話」から導かれたことばを一つ紹介して、私からの「問いかけ」のまとめとします。

1章「誰に問いかけるのか？」で、私は、「私」の生き方とともに、社会（世界）のあり方を考えたい人に本書は問いかけます、と述べました。

私が「等話」を通して描きたい社会（世界）、日常実践を通して目指したい社会（世界）の姿を一語で表すとすれば、それは「**育む**」ということばになります。「**育む**」「**育まれる**」ということばは、本書の中にもたびたび出てきました。「等話」の発想は、私の駄菓子屋の調査から見つけ出されたと述べましたが（本書2章）、その駄菓子屋研究で最終的に集約された一語が、この「育む」ということばです。

小著『駄菓子屋楽校』の終章「駄菓子屋から作る世界」に次のように書きました（終章第1節「人生一〇〇年設計プラン」第1項「駄菓子屋の生物学的意義」二〇〇二年版、四九八頁）。

「この調査を行なった一年だけの［大学院での］学生生活を終えて［中学教師として］学校の現場に戻り、あらためて駄菓子屋を思い起こしてみると、あの『ばあちゃんの子どもみせ』は、学校の『教える』でも家庭の『育てる』でもない、**『育む』という営みであったことに気づいたのです。**」

「育」という漢字には、「育《そだ》てる」「育《そだ》つ」と、「育《はぐく》む」ということばがあります。「育てる」（他動詞）と「育つ」（自動詞）は対の関係です。では、「育む」（他動詞）には対となる自動詞はあるのでしょうか？

『国語大辞典』（小学館、一九八六年）で、「**はぐくむ**（**育む**）」の項を引くと、次のようにありました。「羽包（はくく）むの意。①**親鳥が**ひな鳥を羽でおおい包む。②養い育てる。養育する。また、大切に世話をする。心をこめて面倒をみる。③いたわり守る。かばう。保護して、それを伸長させる。④治療する。療養する」。用例の一つに万葉集の一節が挙げられています。

この「はぐくむ（育む）」の項の次に、「**はぐくもる**（**羽裏る**）」という項が載っていました。「**ひな鳥が**親鳥の羽に包まれるように、いつくしまれる。かわいがられる」とあり、このことばの用例にも万葉集が引かれています。いずれも、古《いにしえ》のことばであり、前者「**はぐくむ（育む）**」は他動詞、後者「**はぐくもる（羽裹る）**」は自動詞です。

『古語大辞典』（小学館、一九八三年）で、語源を確認すると、他動詞「**はぐくむ（羽含む）**」と自動詞「**はぐくもる（羽含もる）**」は対であるとの説明がありました。しかし、現在では、親鳥（大人）の目線からの「はぐくむ」のことばしか用いられていないようです。なぜ、ひな鳥（子ども）の目線からの「はぐくもる」は用いられなくなったのでしょうか？　子どもの目線に立った、このことばの復活も求めたいものです。

今回、「等話」の視点から「人の間のあり方」として再発見できたこと、それは、どちらもソクラテス役になり、互いに問いかけ合う「**相互通行的な人間関係**のあり方」（本書11章）の重要性と、どちらもコーディネーター役になり、自身の中に他動詞と自動詞を併せ持ちながら互いに調和を図り合う「**相互行為的な人間関係**のあり方」（本書18章）の重要性です。

この「**相互通行的で相互行為的な人間関係**」を、日常のあらゆる人間活動を通じて皆で築き上げていくことができれば、誰もが、相手を「はぐくむ」ことによって自分自身をも「はぐくもる」という感覚を、また、自分自身を「はぐくむ」ことによって相手をも「はぐくもる」という感覚を、身につける（取り戻す）ことができるのではないかと考えつきました。本書で紹介してきた学生と地域社会人との交流（「生涯学習論」の授業を通じた交流）、そして学生とシニア世代との交流（オンラインゼミの授業を通じた交流）もまた、そのことにあらためて思い至らせてくれました。

鳥の場合、親鳥がひな鳥を羽でおおい包んで守り育てますが、人間の場合は、親子のそうした関係に限らず、人と人とのあらゆる関係の中で、「羽でおおい包み・包まれる」ような感覚を互いに生み出し合うことができるはずです。それを生み出してくれるのが、「等話」なのではないかと私は考えます。

私が「等話」を通して描きたい社会（世界）、日常実践を通して目指したい社会（世界）は、「**はぐくみ・はぐくもる社会**」です。

あなたはどのような自分を、そして、どのような社会（世界）を生きたいですか？

# 20＋α 「私の考え」をまとめる

本書をここまでお読みくださった読者の皆さんに感謝しつつ、最後の最後に、私がこうして「私の考え」をまとめることができたように、読者の皆さんにも「『私の考え』をまとめてみませんか」と提案し、本書を締めくくりたいと思います。「私の考え」をまとめることは、「平等な会話＝等話」の意義をより深く理解することにもつながると考えるからです。

これから社会人になる若い大学生の方々には、自身の生き方や社会（世界）への関わり方についての「私の考え」を総合的にまとめる方法について、また、人生経験を積んでこられたシニア世代の方々には、若い世代の人たちとはひと味異なる「私の考え」のまとめ方について、と二つの角度からお話しします。

## ①若い大学生のあなたへ

一般に、大学生は大学の学びの最終段階に卒業論文（卒論）というものを書いて、卒業判定を受けます。卒論は、どの大学、どの学部でも、その書き方（「方法」の様式）が定形化している点では皆同じです。ある具体的な研究テーマを設定し、その研究の意義を示して、調査・分析・考察を行い、最後に、結論とともに今後の課題を検証するという「方法」の様式です。そこには、「私の学び」や「私の成長」を記述するスペースは与えられていません（その必要もありません）。

私は、自身の経験から、大学生の皆さんに、こうした学び方とともに、もう一つあってほしいと考えている学び方をここで提案します。それは、卒業して社会に出る前に、自分自身のよさも短所も見つめ直す時間を作り、自身の生き方や社会（世界）への関わり方についての「私の考え」を、総合的にまとめるという学び方です（就活の準備に自己分析を試みる人は、この学び方を取り入れているとも言えますが、マニュアル的な分析では不十分です）。

「私の考え」をまとめるという学び方は、「私の人生」のどの段階でも大切なことでしょうが、いざ社会に出ると、そうした時間は、なかなか取りにくくなるものです。自由な人生時間を持てる大学時代は、そうした学びにチャレンジできる絶好のチャンスです。

卒論の場合と異なり、自身についての「私の考え」をまとめるまとめ方には、あらかじめ決められた「方法」はありません。どうまとめるか、その「方法」は各人が自分で見つけ出していかなければなりません。そのためには、自分の考えをまとめる「視点」が必要になりますが、そうした「視点」は、「自由に書く」プロセスの中で見出されることもあります。ですから、そのプロセス自体が、「私の考え」を深め、まとめるための、自由な創造活動と言うことができます。

本書は、このような自由で創造的な学び方の参考例にもなり得るよう、心がけました。「私の考え」をまとめる「方法」として私が本書で取り入れた「視点」は、結果として次のようになりました（私は本書を自由に書くプロセスの中でそれらの「視点」を思いつき、今こうして、「私の考え」をことばにして整理しています（本書二三〇頁図28））。


視点1「私自身」——私は「私の考え」を自覚的にとらえたいので、私自身を見つめ直し、私自身に語りかけ、私自身の変容を目指そうと努める。

視点2「人」——私は人と関わって生きているので、謙虚にさまざまな人から学ぼうと努める。

視点3「実践」——私は何かかにか活動しているので、活動の実践から学ぼうと努める。

視点4「往還」——私はつねに実践をふり返り、考え続けているので、そのつど「私の考え」をまとめようと努める。

視点5「現代」——私は現代の社会（世界）に生きているので、現代の社会（世界）の小さな部分も大きな部分も、見ようと努める。

視点6「人類」――私は人類の一員としてこの社会（世界）に生きているので、人類史的視野から私とこの社会（世界）を見ようと努める。

視点7「図書館」――私は文字（本）を読めるので、知の財産としての図書館に通い、文献を活用しようと努める。

視点8「ことば」――私は日常生活でたくさんのことばを使って暮らしているので、自分も体験を通して、ことばを作ろうと努める。

視点9「協働」――私は人とともに活動しているので、活動する際には、人と協働しながら試行錯誤し、形にしようと努める。

視点10「総合」――私は「私の考え」をまとめる「方法」としてこれらの「視点」を思いつくことができたので、これらの「視点」を総合し、偏見なく自由に組み合わせようと努める。


本書の構成を展望してみると、結果として、駄菓子屋のおばあちゃんと子ども、私とやりとりを重ねてくれた大学生やシニア世代、行政や商工会議所などの職員さん、各専門分野の研究者、そしてソクラテス、プラトン、デカルト、ルソー、宮本武蔵、柳生宗矩などなど、身近な人から内外の歴史上の人物まで、一見まったくつながりのない多様な人々が登場することになりました。そして、これらの人々を「平等な気持ち」で偏見なく自由に組み合わせ（人を「組み合わせる」とは、失礼な言い方

図28　「私の考え」をまとめる「方法」として本書で私が取り入れた「視点」

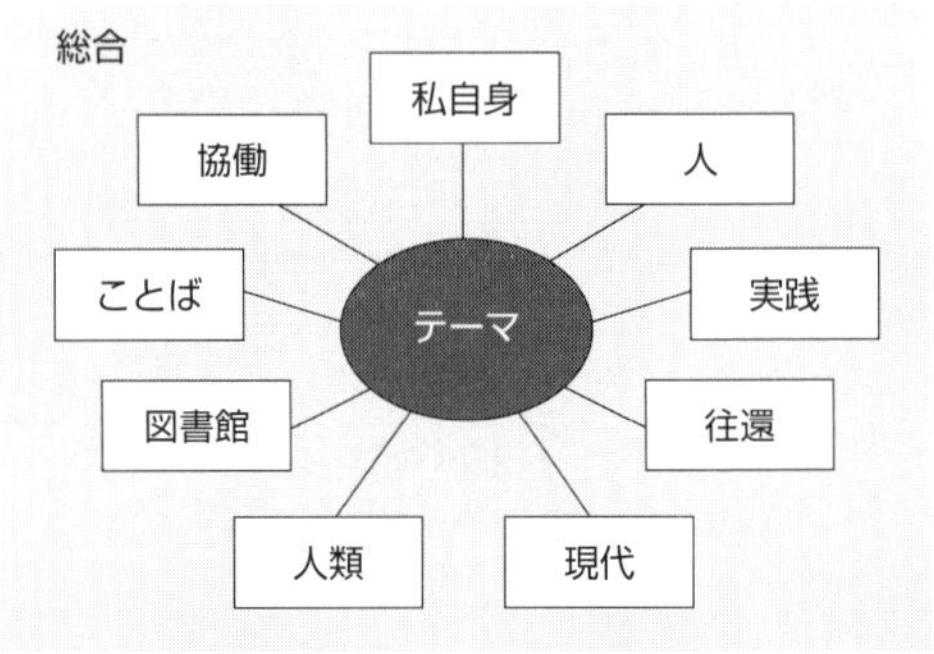


ですが）、「私の考え」をまとめることができました。定形化した卒論のような様式とは異なる自由な「方法」を作り出すことによって、私は、今の「私の考え」をまとめることができたのです（本書に登場した人々は、言わば本書がお招きした「等話」の参加者たちです）。

もしあなたが、あなたの自由な発想で「私の考え」をまとめたとしたなら、結果的にそこに現れる「視点」や「登場人物」は、私のとはまったく異なるものになるでしょう。当然です。あなたは、あなたが経験する個々の具体的な出合いと記憶の総合によって育まれているのですから。また、一〇年後の私自身の「私の考え」も、今の「私の考え」とまったく同じではないでしょう。私はこれからも、私が経験していく個々の具体的な出合いと記憶の総合によって育まれていくのですから。

本書は、「今、ここ」で私がまとめた唯一無二の創造物であり、「今、ここ」にある「私の考え」を具現化したものです。そこにまとめられた「私の考え」は、「明日《あした》の私」が生きていくための支え（希望）となるものです。

あなたも、今の「私の考え」を、こんなふうにして「文字ことば」でまとめてみませんか。たとえ短くてもいいのです。きっとそれは、「明日《あした》の私」への希望の光になると信じます。

## ②シニア世代のあなたへ

時間は逆戻りすることはありません。前に進むだけです。私たちの人生も、日々時を刻み、歳を重ね、人生の終わりに向かいます。しかし、今は「人生一〇〇年時代」です。そうであれば、シニア世代のあなたが「私の考え」をまとめる時のそのまとめ方は、これから社会人になろうとする若い大学生と同じように、「明日《あした》の自分のために、今の自分をふり返る」こともちろん大切ですが、それ以上に（19章はじめ、これまで見てきたように）「次世代の人たちのために、今の自分をふり返る」といった、シニア世代ならではの趣《おもむき》を併せ持つものになるのではないでしょうか。

人生時間が長くなる中、各地のシニア向け講座では、自分の人生の歩みを整理し記録する「自分史づくり講座」も人気を集めているようです。もっとも、この場合の自分史は、不特定多数の誰かに向けて書くという類いのものではなく、あくまで自身の個人的な思い出を書き綴ったものがほとんどです。これに対して、私がシニア世代の方々にまとめてほしいと願っているのは、「自分が何をしたか」の記録ではなく（この手の記録はフェイスブックでも毎日投稿されています）、そうした人生経験から得た「自分ならではの豊かで貴重な学び」（人生勉強から得た学び）の足跡を、次世代や未来世代の人たちのために伝え残してくれるような自分史です。

その「参考書」としておすすめしたいのが、11章で触れた宮本武蔵の『五輪書』と柳生宗矩の『兵法家伝書』です。「剣の道」（二人の書では「兵法」と書いています）を説いたこれらの書物が、剣を持たない現代人にも長く読み継がれているのは、彼らにとっての「剣の道」が「人生の学び」そのものであったからだと思われます。これらの書は、まさに実体験による「剣の道」をテーマにして「私の考え」をまとめた作品と言えるのでしょう。

「地の巻」「水の巻」「火の巻」「風の巻」「空の巻」の五巻からなる『五輪書』の最初の巻の冒頭で、武蔵は自分の人生とこの書物について、次のように書いています。

「わが兵法の道を二天一流と名づけ、数年にわたって鍛錬してきたことを、ここに初めて書物にあらわそうと思う。〔…〕年をかさねて六十歳。

自分は若年のころから兵法の道に心をかけ、十三歳のとき初めて勝負をした。〔…〕

三十歳をすぎたとき、自分の歩んできた跡をふりかえって、勝ったのは決して兵法をきわめたためではなく、身に生まれつきの能がそなわり、それが天の理に叶っていたためか、それとも相手の兵法が不十分だったためではないかと自覚した。その後、さらに深い道理を得ようと、朝に夕に鍛錬をつづけた結果、おのずと兵法の道の真髄を会得できるようになったのは、五十歳のころのことである。

それ以来、とくに探求すべき道もなく歳月を送っている。兵法の道理にしたがって、それを諸芸諸能の道としているから、一切の事柄にわたって自分に師匠はない。いま、この書をつくるにあたっても、仏法や儒教の古い言葉を借りることもなく、軍記や軍法の古いことも用いず、この二天一流の見解、真実の心を書きあらわそうと、天の道と観世音を鏡として、十月十日の夜も暁方に近い午前四時、筆をとって書き始めるものである。」（宮本武蔵『五輪書』大河内昭爾訳、教育社、一九八〇年、三八－三九頁）

「上巻　殺人刀《せつにんとう》」「下巻　活人剣《かつにんけん》」「無刀の巻」の三巻からなる『兵法家伝書』もまた、『五輪書』と同じく、剣を通じた心の持ち方、生き方をまとめたものですが、「無刀の巻」の最後には次のようにあります。

「私は成人し、手に刀の柄《つか》を握って父の業を継いだとはいっても、いまだに自由の境地には至らない。しかし、ようやく五十歳をすぎてこの道の滋味を体得するようになり、それを広い範囲にわたって積みかさねたが、結局、兵法は一心のはたらきにきわまる。一心が多事にわたり、多事は一心に収《おさ》まる。つまり、ここにあるのがそれである。今、これを書いて上下二巻とする。本書（進履橋《しんりきょう》［おおよその目録］）とともにならんで三巻、これを家に遺すものである。」（柳生宗矩「兵法家伝書」、

前掲『五輪書』所収、二二五頁）

武蔵が『五輪書』を書き始めたのは六〇歳、宗矩が『兵法家伝書』を著わしたのは六一歳の時です。当時の六〇代は、「人生一〇〇年時代」の今日のライフステージからすると、八〇代の半ばくらいに相当するでしょうか。「私には、武蔵や宗矩のように、その道を極めたと言えるものなど何もない」と言う人もいるでしょう。たしかに、誰より私がそうです。しかし、「だから次世代に伝えるものなど、何もない」とは、私は思いません。人生を生きていれば、幾つになっても思うことはあり、考え続けているはずです。ですから、誰でも、人生経験を積んで思い深めてきたこと、考え深めてきたことから得た学び（すなわち人生勉強）を、自分のものとして語り、文字に残すことはできるのです。武蔵や宗矩がそうしたように、「私の考え」をまとめるという活動は、シニア世代にとっては「人生の学び」をまとめる活動であり（これも「終活」の一つとして）、結果としてその活動は、次世代や未来世代に伝え残されていく活動にもなるのではないでしょうか。

以前、郷土史の調査で、あるお宅にお伺いした時のことです。その家のおじいさんから、自身が書き留めてきた手書きノートを見せてもらいました。「人生ノート」と表紙に書かれたその中を開くと、その方の人生経験から得られたであろう考え方、心の持ち方、生き方が、びっしりと書き込まれていました。シニア世代の生涯学習とは、まさにこのような活動ではないかと、感銘した記憶があります。

誰にとっても、人生時間は、日々の変化の中で確実に進んでいきます。それとともに「私の考え」も変化していきます。「忙しい日常の中で、『私の考え』をまとめる時間など、とても取れそうにありません」——そんな声も聞こえてきそうです。しかし、一つ提案できるのは、時には一息ついて自分をふり返り、「今、ここ」の「私の考え」を文字やことばにすることは、「自分の中の最も奥深いところ」に触れる瞬間でもあるということです。「等話」とは、そうしたお互いの「最も奥深いところ」を尊重し合い、生き方を学び合い、ともに生きていくための一つの「**技術**」（「**等話という会話術**」〈本書11章〉）、そして、「私の考え」を深め、まとめ、バージョンアップしていくための人類共通の「**媒介物**」ではないかと、私は今、本書をまとめ終えるにあたり、あらためて思っています。

自分のためにも、人のためにも、そしてあらゆる存在との共生のためにも、「等話」を試してみませんか？

お互いに、学びがいと生きがいのある人生を、ともに。

＊次頁に、等話のための付録Ⅰ「**問いかけトレーニング・チェックリスト**」、および、等話のための付録Ⅱ「**生き方学習あいうえお**」を収載しました。ご活用いただければ幸いです。

等話のための付録Ⅰ「問いかけトレーニング・チェックリスト」

人と社会に心を開く！　毎日ふり返り、「問いかけトレーニング」で私を変える！

＿＿＿月＿＿＿日（　　）　氏名＿＿＿＿＿＿＿＿＿＿

【「問いかける」とは？】
相手に声をかけること、ことばをかけること、話しかけること、尋ねること、質問すること、気にかけることなど、人と関わり、やりとりする行為すべてを含みます。

【問いかけ実感チェックリスト】

□ 1. 自分から、誰かにあいさつしたり、ことばをかけた。

□ 2. 相手のあいさつやことばに、笑顔で何かことばを返した。

□ 3. 相手の話の内容を受けて、口をはさんで問いかけた。

□ 4. 相手の問いかけに返答し、さらに新たに問いかけて話を広げた。

□ 5. 平等な感覚で、相手を尊重し、おしゃべりや話し合いができた。

【今日の会話の思い出シーン】

----------

----------

----------

----------

今日もお疲れ様でした！　また、明日も心がけましょう！

## 等話のための付録Ⅱ「生き方学習あいうえお」

子どもから高齢者まで、人は生きている間、体験し続ける。
「人とともに生きる」ための、生き方学習の基本。
毎日ふり返ろう！

**あ** りがとう　と言う。
ありがとうと言われることをする。　（行動）

**い** いですね　と相手のよさを見つけてほめる。　（内容）

**う** れしいな　と相手とこの場にいることを喜ぶ。　（感情）

**え** がお　で応じることが相手への贈り物。　（表情）

**お** たがいさま　はどちらかでなくお互いがすること。
お互いに感謝する気持ちのことば。　（関係）

年長者は年少者に、姿と行動で見せていきましょう！

# おわりに――人は、人と人の間に生きている

本書ではたくさんの方々のことばや作文を紹介させていただきました。その方々をはじめ、本書をこうして読者皆様が読んでくださるものに誘ってくれたすべての方々に厚く御礼申し上げます。

「会話」は、多くの方々にとって、日頃から無意識に、「おしゃべり」という行為を通して自然に行われているものです。ですから、それ自体に問題意識を持つということは、普段ならあまり考えつかないのではないかと思います。私が「会話」のあり方というものに関心を抱くことができた（抱かざるを得なかった）のは、ほとんど会話のない家庭に育ち、よそで会話のありがたみ、問いかけられるありがたみを感じてきたからです（本書の内容からすれば、「会話のない家庭」は家庭ではない、となりますが）。

豊かな会話にあふれた家庭環境で育った人であれば、その人にとってその家庭は、幸せな人生時間を過ごすことのできる大切な人間生活の場となるでしょう。しかし、「私はそうでなかった」と思っている人がいたとしても、その人の周囲に温かな会話をし合える誰かがいれば、その誰かとの会話を通して、「人とともに生きている」心地よさを実感し、「人とともに生きていく」あり方を学ぶことが

できます（あなたがその「誰か」になることもできます）。

私もその後、多くの人との出会いによって、また、妻との日々の暮らしの中で、それを実感し、学ぶことができました（日々学習中です）。「問いかけ合う平等な会話が、『人とともに生きる』ための思いやりを育む」という、「等話」の考え方の土台となる発想に気づかせてくれたのは妻です。スマホごしの妻と娘の会話を聞くにつけても、「お互いを育み合う」には、会話のあり方こそが大切なのだとあらためて感じています。私の場合、ありがたいことに、学生や全国各地の方々との会話交流を通じても、その大切さを実感し、学ばせていただいています。この「会話の大切さ」「会話の学び」を、世代を超えて共有できるよう願って、本書をまとめました。

「平等な会話＝等話」を実践してみると、自分のことばかり考えてはいられず、かといって、相手のことばかり考えてもいられず、つくづく、人は、人と人の間に生きているんだなぁ、という感覚を持ちます。その「間」をお互いにどのように作り上げ、そこにお互いの「今」をどのように心地よく醸成させていけばいいのか、それを思い、考え、実践していくことこそが、「人とともに生きていくための人間学」なのではないかと考えます。

私が現在勤務している宮城県名取市（仙台市の南隣）にある尚絅《しょうけい》学院大学は、その建学の精神に、「キリスト教の精神を土台として、自己を深め、他者と共に生きる」人間教育を掲げています。このような建学の精神を持つ大学環境のもとで、私も、教職員や学生の皆さん、そして地域の方々とともに会話し、活動し、「育み合う学び」を試行錯誤できることを、ありがたく思っています。

大学は丘の上にあります。この大学はあたかも、親鳥が木の上に作った巣のようです。その高い「巣」を訪れ、学生たちと「はぐくむ（羽含む）・はぐくもる（羽含もる）」交流を続けてくださっている各地の社会人、生涯教育関係者の皆様に、この場を借りてあらためて感謝申し上げます。

今年度（二〇二〇年度）前期、新型コロナウイルス感染防止対策による在宅学習の中で、私のゼミの学生三人がオンラインとメールで充実した会話交流学習を経験できたのは、ひとえに長野県シニア大学のスタッフの皆様方のおかげです。本当にありがとうございました。

本書は、『駄菓子屋楽校』（二〇〇二年）、『［輪読会版］駄菓子屋楽校』（二〇〇八年）、『関係性はもう一つの世界をつくり出す』（二〇〇九年）に続き、株式会社新評論編集長・山田洋氏によって、恥ずかしながら歳を取ってもうまく日本語にできない私の思いを、（私の思い以上に）適切な形にしていただき、成ったものです。というより、当初提出した私の粗い原稿内容に対して、氏から真摯な「問いかけ」があり、そこから半年以上かけて氏と「問いかけ合う等話」（メールによる文字ことばによるもの）を行い、その過程で私の考えも一つひとつ深まっていき、まさに漆《うるし》を塗り重ねていくようにして仕上げていただいた、というのがより正確な本書成立の経緯です。

山田氏からは以前より、「世に問う一冊」の提案をいただいていました。しかし、各地での活動実践に力点を置いてきたため、それらの実践を統合するような考えをまとめられずに時を過ごしてきました（研究室の壁面には構想のメモ書きを並べていましたが）。

コロナ禍によって、今年度、私も研究室や自宅にこもるオンライン勤務となりました。不安を抱いていた学生たちには、「いつもと違う一人の時間。それゆえ、じっくりと考えを深めてみよう」（本書一三頁）と言って励ましました。そして、私にとっても、思考を集中させることができる時間を過ごすこととなりました。こうして、それまで拡散していた考えが、「等話」という一つのことばに結晶化し、具体的に原稿を練り上げていく作業が始まったのです。もし通常の生活通りであったならば、本書と同じものは作り出せなかったでしょう（オンラインの会話交流実験もありません）。奇しくも、このコロナ禍により、世界中の誰もが、対面での自由な会話の場を著しく閉ざされ、「巣ごもり」を強いられてしまいました。そうした現実の光景が、それまで考えあぐねていた、人とともに生きる「技術」としての「会話」の意義を、一気に私の頭の中に描かせてくれたような感じです（産みの苦しみを経て）。

二〇〇二年、『駄菓子屋楽校』を出版化するにあたり、山田氏から、「なぜ、本にしたいのですか？なぜ、今このテーマなのですか？」と問いかけられ、その場で明確に返答できずにいた自分が心に残っています。それから約二〇年経った今、本書をまとめることで、ようやく、その問いかけへの答えを見つけ出すことができました。

「『人とともに生きる』とはどういうことが、現代人にとって今一番大切なことだと思うからです。そして、『人とともに生きる』とはどういうことかについて、直接出会うことのない人にも、空間と時間を超えて、問いかけたいからです。その問いかけは、きっとその人の考え方、態度、行動、すなわち人生に、たとえささやかでも何がしかの一助となり、その人からさらに、問いかけの輪が広がっていくかもしれないと信じるからです。山田編集長、いかがでしょうか？」

人類の始まりから用いられてきた「会話」。その「会話」の意義を、「文字」にして次世代に伝えること。これは、「文字」が担う重要な使命の一つではないかと思います。そうした「文字」による試みの一端を、微力な一人の人間である私が、多くの方々との試行錯誤の活動実践と、山田氏との「問いかけ合い」によってこうして実現させていただいたことに、心から感謝申し上げます。「等話」がどれくらいのことを生み出すか、楽しみにしながら。

二〇二一年一月二一日　鳥が鳴く春を待ちつつ、丘の上の研究室から仙台湾を眺めて

松田道雄

## 著者紹介


松田道雄（まつだ・みちお）

1961年山形市生まれ。1984年山形大学人文学部卒業。山形県内中学校社会科教員になり、現職大学院生として1997年山形大学院教育学研究科修士課程修了（修士論文「駄菓子屋の教育的意義」)。現在、宮城県名取市にある尚絅《しょうけい》学院大学人文社会学類教授（生涯学習論、多世代交流・地域づくり支援)。ゼミでは、本書のテーマである「等話」をベースに、直接対面・オンライン双方で授業を行い、さまざまな社会人からの「問いかけ」(社会人たちが取り組む課題の内容）に大学生がアイデアを考え、返答し、活動を起こそうとする、「相互通行」的学習実験を試行中。主著に『駄菓子屋楽校』(新評論、2002年、輪読会版2008年)、『関係性はもう一つの世界をつくり出す』(新評論、2009年）ほか。だがしや楽校、語らいマルシェ、66将棋、こくばん七夕ノート、箱型ふるさと絵本などを発案し、一貫して「思索と活動の両生類的実践」を行い、新たな人との新たな活動づくりを試みている。

連絡先：touwa2021.shinmm@gmail.com



**等話**

——平等な会話が、あなたの人生と社会を変える　（検印廃止）

2021年３月10日　初版第１刷発行

著　者　松田道雄
発行者　武市一幸

発行所　株式会社 新評論

〒169-0051 東京都新宿区西早稲田3-16-28
http://www.shinhyoron.co.jp

TEL 03（3202）7391
FAX 03（3202）5832
振替 00160-1-113487

定価はカバーに表示してあります
落丁・乱丁本はお取り替えします

装幀　山田英春
印刷　フォレスト
製本　中永製本所





ISBN978-4-7948-1173-8
Printed in Japan